博客思出版社

朝陽168

謝朝陽 著

自序 12
序一 14
一、改運與改名的醒思 17
二、能力和實力說話 19
三、臭合就湊合 20
四、生活即是禪 21
五、承擔後果 22
六、一句話 23
七、謙卑低調無敵 25
八、懂不簡單 26
九、求圓滿 27
十、處理的醒思 28
十一、原則 29
十二、偽裝 30
十三、用疼感動 31
十四、想就做，說就動 32
十五、最真的有心人 33
十六、冷暖自知 34
十七、意見與抉擇的省思 35
十八、泡一壺人生的茶 36
十九、團結與合作的省思 37
二〇、念轉境移心曠神怡 38
二一、除夕說好話 39
二二、合人意不容易 40

二三、三觀與五官的省思 41
二四、原諒就釋懷 43
二五、善良與慈悲 45
二六、年輕人加油 46
二七、小心謹慎 47
二八、放手 48
二九、瀟灑走一回 49
三十、職場現實 50
三一、坦然面對 51
三二、捨 52
三三、好人會出頭 53
三四、頭痛時間 54

三五、換個角度 55
三六、歲月靜好 57
三七、品格的省思 58
三八、天無絕人之路 59
三九、希望在眼前 60
四十、不理不煩 61
四一、生活即修行 62
四二、謹慎小心 63
四三、人心莫測 64
四四、窮則變變則通 65
四五、放空放鬆再回家 66
四六、該放就放 68

四七、覺醒 69
四八、以小看大 70
四九、品德與觀念的省思 71
五十、敬而遠之 72
五一、不期待沒傷害 73
五二、挑戰自己 74
五三、朋友莫借貸 75
五四、裝糊塗 76
五五、好還要更好 77
五六、謙卑再謙卑 68
五七、和顏悦色人歡喜 69
五八、限度 80
五九、教學相長 81
六〇、心性的省思 82
六一、自省過去，自在向前 83
六二、釋懷 84
六三、放下 85
六四、態度決定格局 86
六五、講話得看人 87
六六、沉默是金 88
六七、巧言令色 89
六八、職場人的心聲 90
六九、冷靜勇敢 92
七〇、省思回頭路 93

七一、心甘情願什麼都好 94
七二、豁達開朗諸事無礙 95
七三、瀟灑走一回 97
七四、珍惜感恩 98
七五、謀而後動 99
七六、謹言慎行 100
七七、一起加油 101
七八、大家加油 102
七九、我思故我在 103
八〇、耳聰目明的省思 104
八一、行善莫言 105
八二、珍惜知足得圓滿 106
八三、用心對待，真誠付出 107
八四、態度與心態的省思 108
八五、無奈人生 109
八六、人性讀不懂 110
八七、手機的省思 111
八八、觀念 112
八九、改變 113
九〇、家道 114
九一、好老伴一起走 115
九二、神仙難救爛懶人 116
九三、隨緣尊重 118
九四、面對現實 119

九五、人生三難 120
九六、當家作主 121
九七、改變自己 123
九八、實力與能力的醒思 124
九九、尊賢與敬老的醒思 125
一〇〇、塞翁失馬 126
一〇一、一張嘴看人品 127
一〇二、格局與眼界 128
一〇三、心靈 129
一〇四、善待自己 130
一〇五、確幸自己找 131
一〇六、拼搏 132
一〇七、迷惘人生 133
一〇八、心懂 134
一〇九、平安是福，健康是樂 135
一一〇、圈子不同不必強融 136
一一一、自問 137
一一二、讚嘆鼓勵好處多 139
一一三、淡然必自在 140
一一四、我的未來不是夢 141
一一五、追夢圓夢 142
一一六、越挫越勇 144
一一七、謀而後動 145
一一八、先苦後甘不簡單 146

一一九、格調與格局 147
一二〇、方圓得宜無往不利 148
一二一、珍惜感恩 149
一二二、放下 150
一二三、事實與現實 151
一二四、行動 152
一二五、志同才能道合 153
一二六、騙子與傻子 154
一二七、高度與格局的醒思 155
一二八、職場叢林面面觀 156
一二九、當真無敵，認真無 158
一三〇、豁達 159
一三一、誰是真朋友 160
一三二、決心 161
一三三、懂難 162
一三四、樂觀就好 163
一三五、泰然面對 164
一三六、品格 165
一三七、謊言的醒思 166
一三八、包容無敵 167
一三九、識人 168
一四〇、事久見人心 169
一四一、堅強 170
一四二、裝的哲學 171

一四三、弱者與強者之分 172
一四四、知心 173
一四五、人是健忘的 174
一四六、放棄假聖人 175
一四七、難言 176
一四八、隨和無敵 178
一四九、堅持堅強堅定 179
一五〇、接受挑戰 180
一五一、冤親債主 181
一五二、修口 182
一五三、戲說人生 183
一五四、錢的醒思 184
一五五、命比錢更重要 185
一五六、永不回頭 186
一五七、覺悟 187
一五八、不理不煩 188
一五九、見機行事 189
一六〇、知錯能改善莫大焉 190
一六一、但是又何奈 191
一六二、莫言 192
一六三、緣份的醒思 193
一六四、有量就有福 194
一六五、做人不容易 195
一六六、現出原形 196

一六七、無言 197
一六八、個性影響成就 198
備一、別中計 199
備二、悔悟 200
備三、家庭人生 201
備四、慈悲有限 202
備五、釜底抽薪 203
備六、你是誰 204

自序

人情似紙張張薄，世事如棋局局新。
貧在鬧市無人問，富在深山有遠親。
這兩句古老諺語道盡了，人情冷暖世態炎涼，人心詭譎乖張，人性多變刁鑽……

不論在，職場社會家庭的經歷，甚至在親情友情愛情的遭遇，只要想到過去種種，總讓人感慨無奈，甚至常在夜深人靜時，仰天苦嘆：人心讀不懂，人性猜不透……

有人就有立場，更有爭不完的似是而非～
有事就有意見，更有防不完的明槍暗箭～
我已年過七十，在社會職場打滾五十多年…
曾流過淚淌過血，歷盡人生的風霜雨雪～
曾流著汗咬著牙，嚐盡生命的酸甜苦辣～
什麼齷齪人沒見過，什麼骯髒事沒遇過～

什麼爛個性沒受過，什麼跩脾氣沒咬過～
我是如何……
從不爽糾結想不通，到豁達開朗想得通～
從不滿忿恨放不下，到茅塞頓開放得下～
用我的親身遭遇的經驗，告訴有緣的讀者們
只要想得通……
繾綣煩惱皆拋空，前途無礙登頂峰～
只要放得下……
自信自在無牽掛，人生精彩燦如畫～

謝朝陽

序一

自二〇一三出版第一本著作「如何在職場叢林求生存」，隨後出版了「聽職場歐吉桑講話」、「熱處理一〇一客訴處理案例分析」及「轉個彎」幾本著作，朝陽前輩平均二到三年即可出版一本書，表示其在工作場域戮力專業，忙於訪貧慈善活動外之外，仍勤奮筆耕，且能集結成冊，分享心得難能可貴。

認識朝陽前輩，來自鐵鋼熱處理工作，他對於工模具鋼淬火回火處理、析出硬化處理、固溶體處理及軟化退火等各式熱處理，表面硬化處理的陶瓷硬膜被覆以及低溫無白層之氮化處理等專業技術的熟悉及實務知識，以及樂於助人的個性，多次請益，均不藏私傾囊相授，有什麼問題找前輩就對了，一定收穫滿滿。有機會邀請到大同大學對研究生進行專題演講，都能就專業技術深入淺出侃侃而談，吸引學生專心聽講，並且分享有關職場就業心得以及人生閱歷，如何與同事及老闆相處趣事、獲得同學廣泛回響。

多次聽講中，也掌握到朝陽前輩做事之認真及專注，做人之隨和與慷慨，以及知道如何與人分享正向人生態度，此次再次集結心得出版「朝陽 168」分享同好，期能發揮拋磚引玉效果，有機會參與此次盛事深感榮耀，最後表達個人敬佩及感恩的心。

邱六合
二〇二四年十二月二十五日　於大同大學機械與材料工程學系

轉個角度看人生，生活就能漂亮轉身。
換個心態過生活，生命就能浴火重生。

一、改運與改名的醒思

運不好找法師改運～

命不好找大師改名～

這種文化，暗地裡在民間廣為流傳且蔚為風氣……

朋友圈與客戶群中，常聽到張三揪李四找法師施法補運，求開光保身符，戴加持天珠……

若無法如願，再花大錢找知名大師改名字，改陽宅，改格局，甚至於改陰宅，改風水……

幾年下來，該花的也花，該改的也都改，還繼續揪團一改再改……不變的就是，價值不改，觀念不改，想法不改，作法不改，就是堅持永遠不改……

幾年下來，張三李四們不順還是不順，抱怨還是抱怨，想得到的還是得不到，想賺到還是沒賺到……

改運不如先改觀念～

改命不如轉換心態～
回頭看看，先前到底輸在那裡從輸處找缺點……
往後想想，過去到底痛在何處從痛點找原因……
觀念心態若轉變，氣度氣場會跟著改變～
氣度氣場若轉變，格局風水也跟著改變～
格局風水若轉變，運勢命運必然大改變～

二、能力和實力說話

決定，只要考慮周全不用在意別人建議……
行動，只要佈局縝密何必在乎別人意見……
學識知識，就是做出決定的能力～
見識常識，就是付諸行動的實力～
有良好的學識知識，須要的只是膽識……
有深廣的見識常識，根本就不用嘗試……
建議只是別人的建議～
畢竟結果還是自己要承擔……
意見只是別人的意見～
畢竟後果都是自己要負責……
與其在乎別人想法，不如先在乎自己能力～
與其在意別人看法，不如先在意自己實力～

三、臭合就湊合

講話顛三倒四的人，竟有人認為好相處……
說話通情達理的人，卻有人認為難溝通……
問題不是對錯，而是物以類聚人以群分……
問題不是黑白，而是志同道合臭味相投……
畢竟，龍配龍鳳配鳳，跳蚤只能配臭蟲～
畢竟，狗湊狗驢湊驢，鼠蛇只能湊一起～
有立場的人，講的全都是利益……
沒是非的人，完全無法講道理……
道不同不相為謀～
不用浪費時間，理念不和半句也多……
志不同不相為友～
不必浪費生命，想法不同就少囉嗦……

四、生活即是禪

生活即是修行，隨處即是道場……
佈施即是途徑，利他即是圓滿……
真正的道場不在寺廟也不在禪堂～
而是在生活中體驗昇華淨化自我～
能隨機行無私疼心予煩惱困惑者……
能隨緣施無慾付出予境遇困難者……
以此行徑，體悟先賢教之諄諄的側隱～
借此過程，參透仙佛婆心切切的憐憫～
更可從疼心善行中得到自信與喜悅……
也可從無慾付出中獲得自在與平和……

五、承擔後果

人總是這麼怪～
不要的東西再怎麼美好也是垃圾……
不喜歡的人再怎麼漂亮也是噁心……
人就是這麼賤～
愛你寵你呵護你的人一點不稀罕……
對你冷若冰霜的人卻是窮追不捨……
人不在意的時候，任何決定都是任性的～
人不在乎的時候，所有抉擇都是隨性的～
後來才後悔，錯過了不該錯過的機會……
後來才懊惱，放棄了不該放棄的緣份……
事回不去了～
與其在意難過，不如心甘情願過生活……
人回不去了～
與其在乎難受，不如隨遇而安過日子……

六、一句話

深夜應酬晚歸回家的老公，一進門……

老婆板著臭臉，一手插腰一手指著老公的鼻子劈頭就問：

你到底死到哪裡去了！幹嘛這麼晚才回家？

老公：妳幹嘛這麼兇！我只是跟幾個朋友吃個飯而已～

老婆：吃飯有吃到三更半夜的嗎？到底去哪裡鬼混了……

老公：人家都在睡覺，妳小聲一點可以嗎？幹嘛這麼嗆？是在問犯人嗎！

老婆怒目驅前一把抓住老公衣服歇斯底里的說：

我哪有大聲？我哪裡嗆？你給我交代清楚……

老公一把推開她……

老婆一個踉蹌跌坐在地……

老婆立馬站起，驅前一個箭步擋住老公……

老婆：你打我，你打我，你有種再打我……

老公被激怒受不了，一巴掌朝老婆的臉甩了過去……
家暴就這樣發生了……
那一夜老婆喋囁啜泣……
夫妻倆怒目相向，沒完沒了到天亮……
（接下來故事發展若是）～
深夜應酬晚歸回家的老公，一進門……
老婆以關懷的眼神和柔和的語氣細聲說了聲：
老公你回來了，辛苦了，應該累了吧，趕快去洗個澡睡覺吧……
累了一天的老公說了聲：謝謝老婆，我這就洗澡去……
這一夜夫妻倆相擁而眠，溫馨平和一覺甜蜜到天明……
您一定要知道……
一句話可以溫馨美好～
一句話可能爭吵到老～
您一定會知道……
一句話可以和諧到老～
一句話可能沒完沒了～

七、謙卑低調無敵

待人學會，臉笑嘴甜迎人就是有本事～
處事學會，頭低腰軟處事才是有本領～
即便，能力再強也需要別人幫忙……
畢竟，絕沒人可以永遠處於高峰……
即使，實力再棒也需要他人協助……
畢竟，絕沒人可以永安穩於高位……
能臉笑嘴甜迎人，就是種難能的謙卑氣度～
能低頭軟腰處事，更是種可貴的低調風度～
不但接地氣，還能到處結緣有貴人～
不但有底氣，必能左右逢源得高人～

八、懂不簡單

聽到非知道，知道更非聽懂……
聽懂非理解，理解更非領悟……
聽到不知道，是因為不專心～
知道沒聽懂，是因為沒關心～
聽懂不理解，是因為太愚蠢～
理解沒領悟，是因為沒智慧～
聽到又如何，聽到絕非聽懂……
真正的聽懂，是能聽懂人家的心聲～
理解又怎樣，理解絕非領悟……
真正的領悟，是能讀懂人家的心曲～
能聽懂心聲的人，不但聰明而且有耐心……
能讀懂心曲的人，不但睿智而且有疼心……

九、求圓滿

並非合理，就可以義正嚴詞氣勢洶洶……
並非合情，就可以理直氣壯逼人咄咄……
強硬雖有強硬的優勢～
忍讓也有忍讓的好處～
妥協不一定全是軟弱～
忍讓不一定都是無能～
適時適事，妥協讓步才是對策……
適勢適人，忍讓遷就才是上策……
審時度勢以和為貴，是一種智慧～
適宜而為以德服人，是一種圓滿～
俗話如是說……
不經一事不長一智，不吃一塹何增一智～
長輩如是說……
往往是事情改變人，不是人改變了事情～

十、處理的醒思

處理問題，淡定沉著才是上策……
周旋矛盾，鎮靜穩健才是對策……
問題不能不處理，不是冷處理就是熱處理～
矛盾不能不處理，不是慢處理就是快處理～
冷處理，不是冷凍而是時機不對暫時避諱……
熱處理，不是火急而是時機到位即時面對……
慢處理，不是緩慢而是場面緊繃氣氛不宜……
快處理，不是快速而是情況平和氣氛得宜……
問題不會憑空消失，擺著不管會發酵惡化～
矛盾不會自動不見，擱著不理會衝突激化～
沉著的人，耐得住性子會看好時機再出口……
穩健的人，能沉得住氣能掌握情況再出手……

十一、原則

一個人太強悍，人家非常害怕你～
就因為害怕，必會在背後打壓你……
一個人太懦弱，人家就想欺負你～
因為好欺負，更會找機會霸凌你……
世態炎涼，人心不古～
世風日下，人情淡漠～
絕沒有人，因為你強而羨慕靠攏……
更沒有人，因為你弱而呵護相挺……
人強被人忌，人弱被人欺～
馬弱被人棄，馬善被人騎～
做人不怕事，該強就要強但絕不逞強……
做人不惹事，該弱就要弱但絕不示弱……

十二、偽裝

看似堅強百毒不侵的人，其實內心是脆弱的……
狀似勇敢刀槍不入的人，其實心態是違和的……
往往，被幾句打動心弦的安慰而棄械投降～
每每，被深夜孤寂引動的情緒而啜泣崩潰～
與其說是堅強，不如說是扭捏作態的偽裝……
與其說是勇敢，不如說是故作矜持的假裝……
誰沒有，難以啟齒的生活艱難煩惱～
扮堅強，只是畏懼窘困處境被看穿……
誰沒有，不可告人的過日辛酸煎熬～
扮勇敢，只是害怕軟弱現況被拆穿……

十三、用疼感動

你說他出了問題，他對你不理不睬～
你輕聲對他問話，他嫌你麻煩囉嗦～
情緒失序的人，心亂了不想理人……
心情憂鬱的人，心累了不想說話……
若在意那個人～
此時，不但需要寬容更需要縱容……
如在乎那個人～
此刻，不但需要體諒更需要體貼……
應該微笑陪伴，讓他冷靜放鬆沉澱～
應該沉默關注，讓他獨處休息紓解～
疼惜一個人……
微笑陪伴，是種溫柔縱容也是種疼心付出～
愛護一個人……
沉默關注，是種溫馨體貼也是種愛心呵護～

十四、想就做，說就動

說的比唱的好聽，再說就沒人聽了……
說的一套做的一套，再說就亂了套……
舞台再大，不上台只是幻想～
機會再好，不參與只是夢想～
信心再大，不想動只是空想～
能力再強，不行動只是亂想～
有毅力的人必定成功……
只要想了就做，而且當下邊想邊做～
從實做中創造，達陣成功的好方法～
有決心的人一定勝利……
只要說了就動，並且立馬邊說邊動～
從行動中發現，獲得勝利的好辦法～

十五、最真的有心人

人與人相處久了～
短處缺點會在不自覺中慢慢地曝露出來……
當別人把你潛藏的個性和脾氣全都看透……
依然不批不嫌，這就是真心縱容～
仍然不離不棄，這就是疼心包容～
個性和脾氣會趕走很多人……
但也會留下最真的有心人……
時間是最好的證明～
離開的人，不是壞也不用批評只是無心無緣……
留下的人，不是好也不用慶幸而是有心有緣……
相處之道始於相互縱容～
沒有相互縱容何來包容～
只有，知真誠付出才能融洽相處……
唯有，懂珍惜感恩才能和諧長久……

十六、冷暖自知

是驢是馬時間分曉～
有情無情心頭明了～
重情的人，二話不說只會做事……
薄情的人，屁話一堆只會說事……
重義的人，惦記人恩忘卻人過……
薄義的人，只記人過卻忘人恩……
重情的人逢事請託只會沉默努力，
不但找時間更會積極熱情想辦法～
薄情的人有事拜託只會冷漠算計，
不但找藉口更會消極怠惰編理由～
重情有義的，就是好姐妹就是好兄弟……
薄情無義的，趕快閃邊去不如趁早棄……

十七、意見與抉擇的省思

很多時候⋯⋯

我們不是在正確與錯誤之間做抉擇～

而是在幾個糾結與模糊之間做選擇～

所有為糾結與模糊做選擇的人⋯⋯

其實內心早就有預設的方向與答案～

咨詢只是想得到內心所傾向的選擇～

當我們在尋求方向與答案之時⋯⋯

往往找不到方向，到底要的是建議還是意見～

往往不知道目的，到底要的是選擇還是抉擇～

畢竟，建議是客觀概略，意見卻是主觀明確⋯⋯

畢竟，選擇是尚有餘地，抉擇卻是不留餘地⋯⋯

沒勇氣的人沒信心，只想聽建議不敢納意見～

沒底氣的人沒決心，只想聽選擇不敢做抉擇～

十八、泡一壺人生的茶

你是誰的茶，誰是你的水～
茶因水而重生～
水因茶而清香～
時間太短，無法入味就清淡了……
時間過長，入味太濃就苦澀了……
選茶的眼光好壞，決定茶質的高低優劣～
泡茶的時間掌握，決定茶湯的濃淡甘苦～
人生如選茶，選擇對的方向營造人生舞台～
生活如泡茶，泡製好的願景展現生活本領～
眼光到位的人，生活必然快樂安怡閃亮……
時間恰好的人，人生必定美麗幸福燦爛……

十九、團結與合作的省思

霸氣講團結，最後必然一團心結～
高調喊合作，最終必定鬥死裝合～
霸氣講團結，就是要別人按他的方式團結……
高調喊合作，就是要別人照他的方法合作……
團結絕不是，大家隨便喊口號～
合作更不是，成員各吹各把號～
團結不能霸氣，而是先得和氣傾聽……
合作不能高調，而是先得低調溝通……
真心傾聽不同建議，尋求和諧共事團結一心～
耐心溝通不同意見，達成和解共識合作創新～

二〇、念轉境移心曠神怡

心有陽光，照到那裡都燦爛～
眼有慈悲，看到那裏都溫暖～
多疑的人最散漫～
每日心情像月亮，圓缺不定很多樣……
開朗的人最浪漫～
每天心情像太陽，走到那兒都光亮……
心若複雜煩事多，終日猜忌懷疑欲求不滿～
心若簡單凡事少，過日豁達開朗自在清爽～
人若多疑心不滿，猶如烏雲罩頂諸事不宜……
人若開朗心清爽，必定吉星臨門快樂歡愉……

二一、除夕說好話

阿嬤如是說：

除夕聽香問運途，聽到好話有前途，聽到歹話土土土（請用台語唸）

這意思是說：

以前的老長輩們，在吃飽年夜飯後會故意走出家門（聽香），若聽到別人說好話，這意味著往後這一年運勢走旺……

若聽到別人說壞話，這意味著往後這一年運勢走衰……

因此，長輩都會提醒晚輩們，在大年夜的這天晚上，除了守歲更得要多多說好話，這不但是善念也是在積陰德，不但有福報更會帶給大家來年好運氣……

祝福大家～

心好嘴好命就好，榮華富貴長老老（請用台語唸）……

再祝大家～

舊年過去新年來，平安幸福好將來（請用台語唸）……

二二、合人意不容易

事真的不好做～
做決定，稍有猶豫含糊就叫龜縮沒膽……
做件事，只要乾脆明確就叫痛快爽朗……
話真的很難說～
話若順耳，即便無聊閒話也沒人置喙……
話若礙耳，即便良善好話也沒人理會……
不簡單，有魄力又能善解人意做事就簡單～
不容易，有能力又能猜透人心做人就容易～
不如點頭說是不囉嗦，走東往西好處就多……
不如微笑說好不嫌多，南來北往人緣更多……

二三、三觀與五官的省思

男女交往，五官只是世俗論點……
論及婚嫁，三觀才是主要重點……
五官和合，叫做郎才女貌～
三觀不合，叫做豺狼虎豹～
五官，只不過是外表的膚淺顏值……
三觀，才是真正內在的心靈價值……
五官，會因歲月流逝而觀感改變～
三觀，絕不會因時間而有所轉變～
即便五官相匹配，若三觀難契合……
相處時日一長久，必顯水火不容～
即使五官不相配，若三觀皆合和……
相處時間越長久，更顯水乳交融～
三觀和合，無話不說專心致志情投意合……

三觀不合，無話可說心猿意馬永難磨合……

備註：五官：眼睛，鼻子，嘴巴，耳朵，眉毛。三觀：世界觀，人生觀，價值觀。

二四、原諒就釋懷

老跟別人過不去，別人就生你的氣……
老跟自己過不去，自己生自己的氣……
想的太多，
看什麼都在意，見什麼都不滿～
想的太雜，
聽什麼都在乎，見什麼都不爽～
情緒不爽，
挑剔別人越多，反被刁難就多～
心情不滿，
要求別人越多，反被責難更多～
心只有一顆，
幹嘛，對別人的言行那麼在意～
人只有一生，

幹嘛，對自己的要求那麼在乎～
原諒，不僅是放過別人也是放過自己……
釋懷，不只是放過自己也是放過別人……

二五、善良與慈悲

懂得道歉的人，就懂包容最勇敢～
懂得原諒的人，就懂寬容最堅強～
家庭生活，哪有不磕磕碰碰……
夫妻相處，哪有不吵吵鬧鬧……
一句芝麻話，可以鬥嘴一陣子～
一件蒜皮事，竟然嘔氣一輩子～
不是人都有顆通透善良的心……
不是人都有顆大度慈悲的心……
先放下身段，說道歉的人最善良～
敢放下姿態，說原諒的人最慈悲～
勇敢善良的人，圓融無礙會得最大祝福……
堅強慈悲的人，圓滿無憂會得更多幸福……

二六、年輕人加油

有種人叫富二代不用付三貸，人稱天之驕子～
有種人叫負二代必須付三貸，自稱整天累死～
富二代，可以到處開心快樂閒晃……
負二代，只能認命打拼流淚流汗……
富二代，沒骨氣靠爸靠媽很厲害……
負二代，有志氣靠手靠腳更厲害……
有房貸，有信貸有學貸叫辛苦三貸～
沒房貸，沒信貸沒學貸叫不付三貸～
辛苦三貸，是今日年青人的酸楚也是艱難處境……
不付三貸，是現代年青人的目標也是幸福願景……

二七、小心謹慎

人可以善良但不可太單純～
否則被騙的永遠就是自己……
人可以厚道但不可太老實～
否則吃虧的永遠都是自己……
可以不害人～
但你絕對不知道，別人會用何種方式害你……
可以不騙人～
但你肯定料不道，別人會用何種手段誆你……
你若瞭解人性多變，才不會因善良而受騙～
你若清楚人心善變，才不會因厚道而吃虧～

二八、放手

一直熱情用心付出～
僅是一次不週到，竟被批評的一無是處……
一直熱忱情義相挺～
只是一次做不到，卻被批判成一文不值……
該感謝卻不知感謝，就是無情自私～
應感恩卻不懂感恩，就是狠心無知～
與其用心換無情，不如當成陌生人……
與其真心換絕情，不如當做狠心人……
絕沒有誰虧欠誰，無情不懂珍惜的就算了～
更沒誰對不起誰，狠心不知體諒的就忘了～

二九、瀟灑走一回

人該糊塗的時候，就要糊塗的自在……
心該明白的時候，就要明白的開懷……
裝不了糊塗的，兩個人不如一個人自在～
裝得了糊塗的，一個人不如兩個人開懷～
如若，懷念當初的無憂無慮……
不如，享受今昔的自由自在……
獲得，是種蠢蠢欲動的執著～
放棄，是種如如不動的沉著～
有些事，要經驗了才能釋結……
有些人，須經歷了才能理解……
誰說，人情似紙張張薄，不敢試怎知曉～
誰說，世事如棋局局新，不去行怎明暸～

三十、職場現實

做的太好有人忌妒你～
做的太差有人嘲笑你～
做的太少有人責難你～
做得太多有人埋怨你～
行事嚴肅謹慎的，反被人說不接地氣……
待人和藹可親的，卻被人說平凡無奇……
隨意挑剔批評，都是人之常情～
能夠暖心對待，才是難得真情～
散發負能量的，竟然比比皆是……
傳播正能量的，卻是寥寥無幾……
做人不要有樣學樣就好～
做事不要混水摸魚就好～
看清了人情冷暖，淡然走自己的路就好……
看透了人心多變，坦然做自己的事更好……

三一、坦然面對

生活總有挫折懊惱不愜意～
心情總有波濤起浮不美麗～
若將心情掛臉上……
整日，無精打采愁眉苦臉神色憂鬱～
見人，說話有氣無力像鬥敗的公雞～
若長期這樣下來……
人緣必然奇差無比，朋友紛紛走避～
行事日見懶散怪異，同事漸漸遠離～
生活偶爾不愜意是正常的，
若在乎就會跟別人過不去……
心情偶有不美麗是合理的，
若在意就會跟自己過不去……
笑也一天哭也一天，不如微笑接受過一天～
樂也一天憂也一天，不如快樂面對過一天～

三二、捨

有些事想忘掉真的很難，但還是得忘了～
畢竟已成過去，無法回到過去從頭再來……
有些人想放手真的很痛，但還是得鬆手～
畢竟已經放手，再怎麼努力還是回不來……
與其糾結掛念，不如虛心學習割捨承受～
與其牽纏惦念，不如選擇勇敢祝福接受～
重新出發……
人只有一生，何必為放不下的事折磨懊惱……
從心出發……
心只有一個，何必為已放下的人痛苦煩惱……

三三、好人會出頭

說話有條不紊，說到做到的人並不多……
做事中規中矩，做事負責的人也不多……
做錯的人多的時候～
做亂的人多的時候～
有條不紊的人，反而被視為異類……
中規中矩的人，反而被認為匪類……
共事難，正常的會被不正常的排斥～
做事難，做好的會被做不好的排擠～
不必在意，畢竟非我族類其心必異……
不必在乎，終究物以類聚人以群分……
不用擔心，惜才的長官絕不會讓好人孤單～
不用煩惱，識人的領導怎可能讓良人寂寞～

三四、頭痛時間

不是不懂而是有人根本不想懂～
不是不說而是頭痛不知怎麼說～
說了又如何，回答的都不是你說的，那又何必說……
講了又怎樣，回問的都不是你講的，那又何必講……
有人找人講話，竟只是無聊打屁過嘴癮～
有人找人提問，好像似閒聊瞎扯殺時間～
講正經的人，只會越說越火越懊惱……
少根筋的人，丈二金剛摸不著頭腦……
絕非高傲瞧不起人～
有何目的，不如先委婉低調搞清楚再說……
更不是狗眼看人低～
來者何意，不如先禮貌微笑弄明白再講……

三五、換個角度

置身事外，誰都能從容淡定～
身處其中，誰能夠悠閒平靜～
小故事……
剛下班飢腸轆轆的丈夫，一進門～
看見妻子正以藤條修理兒子！沒理他們～
走到廚房找吃的，看見一鍋熱騰騰的餛飩，盛了一碗呼嚕下肚，回到客廳～
看見妻還在修理兒子！
就說：幹嘛呢，教育小孩不能只用暴力，得用講道理～
妻子說：好好一鍋餛飩，他居然撒了一泡尿在裡面～
丈夫聽聞後立馬說：孩子的媽妳歇會兒，讓我來好好修理這小兔崽子～
這個小故事，讓我們見識到：

一件事情兩樣情境，非當事人難能體悟～
轉個立場換個角度，換個角色更能感觸～
在最後事實，尚未呈現之前請不要隨便下定論……
眼睛沒瞎，絕不要用耳朵看事情～
頭殼沒壞，更不要用眼睛猜事情～

三六、歲月靜好

別人腦袋裝了什麼，你不可能知道……
別人嘴巴要講什麼，你絕不會知道……
人心就是這樣～
你說別人奇怪，人家說你更奇怪……
人性就是如此～
你說別人不對，人家說你更不對……
沒交集的～
你走你的獨木橋，我走我的陽關道……
不對味的～
各人自掃門前雪，莫管他人瓦上霜……
守嘴不惹禍～
擁有一顆好心，不如先守住你的嘴……
守心不出錯～
擁有一張好嘴，不如先守住你的心……

三七、品格的省思

真正能力強的人～
不是能認識多少人，而是多少人願認識你……
真正實力夠的人～
不是能左右多少人，而是多少人在你左右……
願意認同你的人～
不是你的權力大，而是你的個性好有人品……
願意追隨你的人～
不是你的錢力大，而是你的脾氣好有人格……
個性決定態度，態度決定處事的胸襟和高度～
脾氣決定心態，心態決定為人的眼界和格局～
高度決定能力，胸襟更決定個人的將來成就～
格局決定實力，眼界更決定團隊的最後成果～

三八、天無絕人之路

世上沒有絕望的處境~
只有對處境絕望的人~
人要迎波逐浪，不要躺平隨波逐流……
人要力爭上游，更要追上進步潮流……
生活的成功何來高速鐵路~
生命的幸福沒有快速公路~
所有的成功，
都是來自孜孜不倦的努力和拼搏……
所有的幸福，
全都來自汲汲不懈的奮鬥和堅持……
絕路只是嚇人的鬼話，
敢揮汗淌血堅持，希望的燈光就在轉角處……
絕望只是騙人的詭話，
敢咬牙含淚拼搏，越過了荊棘就是大馬路……

三九、希望在眼前

沒受過疾病蹂躪糟蹋的人～
怎知痛不欲生的難過……
沒受過心理創傷折騰的人～
怎知欲哭無淚的難受……
只有，從泥淖困境中爬出來的人～
才知，再怎麼苦也只能苦笑承擔……
只有，從煎熬窘困中走出來的人～
才知，再怎麼累也只能含淚忍受……
知道，苦累只是過程不會是全程～
相信，煎熬只是暫時不會是長時～
天有好生之德，勇敢再堅持前方無絕路……
地有惻隱之心，咬牙再硬撐轉角有出路……

四十、不理不煩

有人任憑你，賴傳信息無數就是已讀不回……
有人即便你，來電響鈴多次硬是有通不接……
顧意不回訊息，最沒水準不必自討沒趣……
恣意不接電話，最沒格調何必自作多情……
不回訊息，就是不理你更是擺明拒絕你……
不接電話，就是不甩你更是存心排斥你……
做事要理智有原則～
不用在意，若想不開動怒生氣就正中人意……
做人要睿智有骨氣～
不用在乎，若放不下發火嘔氣就正中詭計……

四一、生活即修行

我們都把爛情緒壞口氣丟給最親近的人……
卻把最佳的耐心和好口氣留給陌生的人……
職場求生存，誰沒憂鬱誰沒不滿壓力～
家庭過生活，誰沒憂慮誰沒不爽壓抑～
愚蠢的人遭遇不滿……
就恣意把，壓力釋放給摯友和閨蜜～
白痴的人心情不爽……
就隨意將，壓抑渲洩給愛人和親人～
理性成熟的人懂得自我慰藉沉潛，
更知生活過日有不滿壓力只是正常……
睿智豁達的人懂得自我安慰沉澱，
更知職場人生有不爽壓抑就是日常……

四二、謹慎小心

世界沒有壞人，只有好人幹壞事～
地表沒有惡人，只有善人做惡行～
大家都知道誰是壞人，壞人肯定幹不了壞事……
惡人絕不會寫在臉上，惡人身上更沒有標籤……
一定要知道，酒色財氣在心間……
一定要明瞭，起心動念剎那間……
好人變壞人，就因貪財逞氣幹壞事～
善人變惡人，就因嗜酒好色做惡行～
防人之心不可無，害人之心不可有……
萬丈深淵終有底，唯有人心不可測……

四三、人心莫測

狠心的人絕情……
榨乾你資源，擊潰你尊嚴使你頹廢委靡～
貪心的人無情……
消費你底氣，碾壓你意志使你沮喪氣餒～
偏執的人矯情……
利用你時當你是寶，不用你時當你是草～
刁蠻的人揣情……
須要你時當你是樂，不要你時當你是禍～
誰無情誰絕情……
從待人態度和談吐，可知曉內在的品德～
誰矯情誰揣情……
從處事格調和細節，會明瞭外在的品行～
要知道誰想利用你，找出對策提早防堵……
要明瞭誰將消費你，想出方法超前部署……

四四、窮則變變則通

識時務者為俊傑……
通機變者為英豪……
蟑螂打不死，是因為見縫就鑽地表無敵～
烏龜活百歲，是因為縮頭縮尾忍功無敵～
蟑螂為何見縫就鑽絕不是沒骨氣，
而是時不我予忍辱負重迫不得已……
烏龜為何縮頭縮尾絕不是沒勇氣，
而是時機不對臥薪嘗膽逼不得已……
時不予我不必逞強～
時機不對不要勉強～
該藏就藏能顯就顯～
該默就默能嗆就嗆～

四五、放空放鬆再回家

在職場總有，不平待遇和不美遭遇會生悶氣更會累積壓力……
職場人下班，不經意就將這些爛悶情境和憂鬱一並帶回家……
壓力隨即宣洩，悶氣恣意放肆～
情緒起伏無常，講話口不遮攔～
一人有事全家難無恙……
一人不爽全家都遭殃……
掃到颱風尾的當然是至親家人～
無端受害的家人也跟著生悶氣～
看什麼都不滿精神委靡……
聽什麼都不爽恢心喪氣……
何不先找個知心好友宣洩悶氣，
傾訴取暖更可以盡情投訴不爽……
何不先覓個適當地方釋放壓力，

自我療癒更可以縱情飆罵不滿……
畢竟，家是永遠的巢更是心靈的港灣～
終究，家是生活的窩更是講愛的地方～
甩掉不滿，放空情緒擦乾眼淚再回家……
拋開不爽，放鬆心情帶著微笑再回家……

四六、該放就放

不快樂就放下，捨不得就痛苦～
不幸福就放手，不捨得就酸楚～
一再牽就，是因為用心忍耐……
一再將就，更因為真心期待……
如果忍耐，換來更多無奈又何必忍耐～
如果期待，換來漫長等待又何必期待～
人心難懂，與其苦苦忍耐不如率性放開……
心靈難讀，與其殷殷期待不如索性離開……
不知將心比心的人，不值得眷戀忍耐～
不懂替人著想的人，不值得繾綣期待～

四七、覺醒

每個虛情假意的現今，
其實都有個真心實意的曾經……
每個有聲有色的愛過，
其實都有個刻骨銘心的痛過……
為何從無話不說到無話可說，
又為何從掏心掏肺到沒心沒肺～
為何從侃侃而談到噤若寒蟬，
又為何從水乳交融到水火不容～
心傷了才真的驚覺……
心寒了才真的猛醒……
無須用自己的不溫柔，去苛求別人的溫柔～
無須用自己的不完美，去奢求別人的完美～

四八、以小看大

重情重義歡喜來相聚～
薄情薄義沒事閃邊去～
重情的人大度豁達，記人恩忘人過……
薄情的人小氣吝嗇，記人過忘人恩……
重義的人，不但為人積極且熱情付出～
更為重義，挺身奮力找時間和想辦法……
薄義的人，不但處事消極且怠惰自私～
更為薄義，龜縮逃避找藉口和編理由……
真的假不了～
假的真不了～
誰重情重義，看日常的為人風度便知曉……
誰薄情薄義，看平時的處事態度就明瞭……

四九、品德與觀念的省思

在美好的臉蛋，若沒有才華如同一張廢紙……
在有趣的靈魂，若品德缺失變得華而不實……
個人品德就是才華的主宰～
而才華不過是品德的奴僕～
人品過關才值得尊崇敬重……
德行達標才值得信賴依靠……
圈子若不相同不必強相融～
品德若不入格不要硬湊合～
不是一路人就不要結伴行……
觀念不一致就不要同路走……
能夠同行起走未必是興趣相同的人～
卻是能相互理解懂得包容彼此的人～

五十、敬而遠之

就有人假設當證據就胡扯誣賴～
更有人想像當事實就瞎掰唬哢～
不辯解生悶氣，辯解會更生氣……
不反駁想抓狂，反駁會更抓狂……
畢竟心術不正的人，不會講道義只會胡扯～
畢竟心懷不軌的人，心中沒倫理只會瞎掰～
誣賴是害人套路，不但言語粗魯且沒修養……
唬弄是騙人手段，不但行為囂張且沒知識……
跟沒知識的人講道理，不是無辜而是無知～
跟沒修養的人論是非，不是白痴而是白目～

五一、不期待沒傷害

有些人想到什麼，就花言巧語畫大餅～
更有人丁點眉目，就甜言蜜語織美夢～
到頭來什麼沒作，還厚顏無恥再編劇本……
到後來什麼沒成，還死皮賴臉再說故事……
說話不算話，就是在折磨人～
說話不像話，只是會氣死人～
堪嘆人心不古，光說不練的大餅不要當真……
感慨世態炎涼，言而不行的美夢切莫盡信……
得經的起美麗謊言，受得了推託敷衍～
得忍的住再三欺騙，忘得了無盡諾言～

五二、挑戰自己

想要成功就得先吃苦……
畢竟失敗為成功之母……
成功的人非實力強背景好～
而是意志堅定抗壓力頑強～
成就的人非能力強條件好～
而是忍耐剛毅戰鬥力堅強～
世上，能打敗自己的就是自己……
地表，能成全自己的只有自己……
贏得成功，絕非一次也非偶然～
獲得成就，更非一次也非突然～
要有被自己擊敗的勇氣，
才有重新站起來的骨氣……
要有被自己打趴的魄力，
才有從心爬起來的毅力……

五三、朋友莫借貸

朋友之間只要有借貸～
先前情誼必定難存在～
不用明講卻心知肚明～
此後關係簡單轉複雜～
就是缺錢才會借錢，要還錢卻得等他有錢有閒～
時日一久以拖待變，乾脆龜縮失聯就避不見面～
意外撞見……
你開口講，他藉口寒暄邊說邊臭臉～
你再多說，他掉頭轉身邊走邊變臉～
感嘆人性……
想借你錢的時候，就是鞠躬哈腰像乞討～
要他還錢的時候，竟然翻臉叫囂像強盜～
與其糾結難過，不如當作不幸遭小偷……
與其懊惱傷心，不如當作有幸積功德……

五四、裝糊塗

隨興閒言閒語的人，使人厭煩～
任性酸言酸語的人，令人抓狂～
有些人話不直說，總是含沙射影搞囉嗦……
更有人話不明講，就是拐彎抹角胡亂講……
你說他很煩，他說你更煩～
你說他很酸，他說你更酸～
與其鬥嘴講明白，不如淡然裝聾免生氣……
與其反駁說清楚，不如漠然裝瞎省力氣……
不講理的不用說，裝聾作啞是好方法～
不明理的就少講，裝瞎裝傻是不二法～

五五、好還要更好

人聰明最優秀，卻短視好逸惡勞～
人睿智最卓越，有遠見不辭辛勞～
優秀的人做事，心裡只有最好沒有更好……
卓越的人做事，心裡沒有最好只有更好……
人若短視只會見好就收～
畢竟，最好己是頂標沒有進步空間……
人有遠見懂人心知精進～
畢竟，最好只是基點還有成長空間……
在職場處事很難～
人家不只喜歡最好，而且喜歡永遠更好……
在團隊做人更難～
別人不但要求美好，而且要求不斷更好……

五六、謙卑再謙卑

做人處事，必須懂得矜持迂迴～
有所成就，更要懂得低調閉嘴～
在職場，為前途認真打拼是成員核心價值……
在團隊，為目標努力奮鬥是隊員共同價值……
個人成就輝煌，反而令人心慌徬徨～
個人成果非凡，反而令人心亂厭煩～
人心就是這樣……
成就太凸出，反而使人因自卑起反彈～
人性就是如此……
成果太耀眼，反而使人因忌妒起反感～
該瞎就瞎，該明就明是種藝術……
該啞就啞，該講就講是種修為……
該退就退，該進就進是種境界……
該藏就藏，該顯就顯是種智慧……

五七、和顏悅色人歡喜

講話口氣強勢～
即便熱心提出好意見，別人不見得肯接受……
說話臉色嚴肅～
即使真情提供好方法，別人不見得會領情……
將心比心，畢竟沒人承受得住壞口氣～
設身處地，畢竟沒人忍受得了爛臉色～
口氣不好會嚇跑人……
臉色不佳會嚇死人……
口氣誠懇語調祥和，是種修為也是種氣度～
臉色和藹語氣柔順，是種涵養也是種高度～

五八、限度

絕沒有誰虧欠誰，不鳥你又是誰……
沒什麼是應該的，不理你又是誰……
人心就是這樣，有人愛就任性沒人愛就認命～
人性總是如此，有人疼就矯情沒人疼就繳械～
常常對人好久了……
不但得不到感謝反饋，還被認為是欠他的～
每每好配合久了……
不但得不到知恩回報，還被認為是應該的～
對人好，只要剛好就好……
好配合，只要恰好就好……
人家才能體悟，什麼是你的真誠付出～
人家才會珍惜，什麼是你的用心對待～

五九、教學相長

學知識無巧門，賴的是用心堅持~
學技術沒捷徑，靠的是努力不懈~
死記硬背得不到真知識……
投機取巧學不到真本領……
紙上談兵學不到真本事……
閉門造車結不出好碩果……
學知識除了專注理解~
真實領悟最重要，按部就班更重要……
學技藝除了虛心觀察~
實務體悟最重要，相互切磋更重要……
教學，真正目的不在於傳受高超本領~
而是，在於激勵喚醒學生的潛在本能~

六〇、心性的省思

笑看人生一世命運……
淡看人生一時逆境……
個性嬌柔的，一笑百媚生～
個性討喜的，一哭惹人憐～
被人嫌棄的，苦笑看人生……
被人拋棄的，痛哭無人懂……
性格強悍的，發怒有人慫～
性格柔弱的，吃虧只能悚～
什麼樣個性，
選擇什麼樣人生更決定將遭遇什麼樣命運……
什麼樣性格，
扮演什麼樣角色更決定將面對什麼樣逆境……
人生的苦處，以心改變自己化畏懼為勇氣～
生命的窘處，以靈說服自己化緊張為謹慎～

六一、自省過去，自在向前

目中有人助力多，口中有德人緣多……
耳根清淨自在多，善在心中福氣多……
來是偶然去是必然，盡其當然順其自然～
逆是正常順是反常，避其失常用其經常～
考慮週全謹言慎行，結果怎樣欣然接受……
謀而後動穩紮穩打，後果如何坦然承受……
困難困難，等待不動就是難～
出路出路，邁步向前就是路～
自信的人反躬自醒過去事……
知道，學歷不等於能力得從心出發～
自在的人冷靜思考未來路……
知道，經歷不等於經驗得重新出發～

六二、釋懷

知道誰對誰錯又怎樣～
知道誰是誰非又如何～
誰對誰錯不用計較，再計較就沒完沒了……
誰是誰非何必比較，再比較就無法善了……
最先道歉的人最勇敢～
最先原諒的人最堅強～
最先釋懷的人最真心～
最先忘懷的人最清心～
只會累一陣子，不會累一輩子……
只會苦一下子，不會苦一輩子……
人性莫測，怎能理解透徹……
人生苦短，不要領悟太晚……

六三、放下

悠閒緊張兩邊站，如若聰明就選邊站……
幽默彆屈任由選，想要快樂就自己選……
聰明的人，會玩會樂不寂寞～
最笨的人，老氣老急不開口～
快樂的人，會說會笑很幽默～
最傻的人，老悶老彆沒朋友～
生活哪有沒煩惱緊張……
過日哪有沒糾結彆屈……
豁達的人聰明，懂得坦然放鬆拋下懸念～
開朗的人睿智，懂得淡然放開移情轉念～

六四、態度決定格局

遭逢不公對待怎麼辦～
受到不平待遇怎麼看～
有人嗚冤叫屈，甚至當面對質大聲反擊……
有人忍氣吞聲，選擇背後暗泣牢騷嘆息……
叫屈的並非堅強，而是那時的脾氣修養～
忍氣的不是墮落，而是當時的個性懦弱～
其實，真正的是非曲直大家都在看……
畢竟，事後的黑白對錯必自有公斷……
嗚冤反擊不是問題，得深思熟慮後果問題～
忍氣嘆息不是問題，得瞻前顧後接續問題～
脾氣拿出來是本能，吞得下才是有本領……
個性拿出來是本性，壓得下才算有本事……

六五、講話得看人

講得很清楚，人家卻聽得很糊塗～
聽得很明白，人家卻回答很模糊～
講是一回事，聽懂是一回事……
懂是一回事，通曉是一回事……

聽不懂，也許是把粗淺說的很深奧～
說不通，也許是把簡單講的太複雜～
聽不懂，或許是講的人技巧出問題～
說不通，或許是聽的人能力有問題～

其實，懂不懂是程度的問題……
其實，曉不曉是誠意的問題……
程度不同，如雞同鴨講再怎麼聽也糊塗～
誠意不足，心不在焉魂不守舍當然模糊～

六六、沉默是金

愈描愈黑，再描天都黑了……

愈說愈亂，再說就更亂了……

有時候，沉默不是承認而是承擔～

有時候，不語不是認輸而是認真～

厚道的人大度，懂適時沉默將就妥協……

善良的人大氣，懂適機不語遷就讓步……

氣氛不對不說，畢竟怎麼說也是多說……

時機不對不講，即便講再多也是白講……

幸運總是青睞，待人豁達厚道知進退的人～

福報總是降臨，為人開朗善良通機變的人～

六七、巧言令色

做人，知何時該顯該隱沒師傅～
做事，能恰到好處才是真功夫～
講話，何時該說何時該默沒範本……
做事，何時出手何時收手沒標準……
適時，說感人的話做感動的事～
日子，必然風和日麗百事可樂……
經常，說傷人的話做傷心的事～
生活，必然烏雲密布心情低落……
在社會求生存～
得學習通曉，如何揣摩人意見風轉舵……
在職場討生活～
得精進明瞭，如何察言觀色見機行事……

六八、職場人的心聲

主管是員工的老大，老闆不在他最大……
老闆是企業的主人，在公司他是老大……
客戶是老闆的老闆，來公司他是大大……
所以～
他們說了就算，我們怎麼說都不算……
他們不會犯錯，也不能被質疑犯錯……
他們不容挑戰，也絕不允許被挑戰……
畢竟～
在職場，天天看人家的臉色是必要條件……
職場人，時時配合人家心情是唯一條件……
現實～
不要耍白目當人家無知，罩子要放亮點……
不要耍無辜當人家白痴，眼睛要睜大點……

事實～
我們不是狗腿，而是悲哀必須當狗腿……
我們不是無奈，而是感嘆三聲哭無奈……

六九、冷靜勇敢

畏懼操心使人提心吊膽……
害怕擔心使人寢食難安……
生活安怡的人，面對逆境只會畏懼操心~
過日平穩的人，遭遇挑戰才會害怕擔心~
曾從折磨糟蹋中學習成長的人，
面對逆境不緊張畏懼反而沉著……
歷經折難教訓中摸索成熟的人，
遭遇挑戰不害怕退縮反而淡定……
聰明的人知道，畏懼操心無濟於事~
睿智的人明瞭，害怕擔心反而礙事~
化操心為小心，面對現實冷靜找方法……
化擔心為當心，接受事實鎮靜想辦法……

七〇、省思回頭路

有一天回頭看自己走過的路～
才知有喜有樂也有無奈酸楚……
有一天回頭想自己受過的苦～
才知有甜有蜜也有難言痛處……
想了又想才豁達～
有誰，何嘗不是拿自己的青春當賭注……
想了又想才開朗～
有誰，何嘗不是拿自己的生命換教訓……
雖然，流逝青春卻增長難得見識～
雖然，消耗生命卻增廣可貴常識～
遭遇，壓力不再找理由閃躲畏縮……
遭遇，問題不再找藉口逃避推託……
會以，坦然的態度接受挫折樂觀應對～
會以，泰然的角度看待障礙積極消滅～

七一、心甘情願什麼都好

喜歡你的人，不會嫌你煩～
你喜歡的人，你不會嫌煩～
想念你的人，比你還主動～
你想念的人，都是你主動～
在意你的人，對你都妥協～
你在意的人，你都會妥協～
在乎你的人，對你都包容～
你在乎的人，你都會包容～
情投意合的人……
喜歡在乎沒理由，不須理性只要感性就好～
兩情相悅的人……
想念在意沒藉口，不須理智只要高興就好～
感情的事，請不要問為什麼……
心甘情願，就是最好的答案……

七二、豁達開朗諸事無礙

這年頭吃飽不是問題……
能吃的健康才是問題～
這時機賺錢不是問題……
能賺的夠用才是問題～

有能力的人……
吃的健康不是問題，能吃的輕鬆才是問題～
有實力的人……
賺的夠用不是問題，能賺的愉快才是問題～

有本事的人……
不但能吃好吃的健康，還能逍遙自在生活～
有本領的人……
不但能賺多賺的夠用，又能輕鬆愉快過日～

豁達的人，就有本事有能力，

不畏艱辛，能堅強面對挑戰……
開朗的人，就有本領有實力，
無懼挫折，能淡定排解困難……

七三、瀟灑走一回

真實就是那麼不堪醜陋……
事實總是令人沮喪難受……
當激情過後，才知殷情承諾只是隨興話語～
當潮水退去，才知污泥零亂原就積淤沉底～
沒有誰騙了誰，只是被掀掉了面具……
沒有誰辜負誰，只是多情會錯了意……
看不透的人心，猶如濃霧中的白紗……
讀不懂的心靈，宛如暗夜中的黑影……
與其糾結難過，何不選擇心平氣和放下～
與其心有不甘，不如選擇平心靜氣放手～

七四、珍惜感恩

世事如棋局局新，人情似紙張張薄～
只有誰對不起誰，絕沒有誰虧欠誰～
即便是，有緣有故也不見得要對你好……
更何況，無緣無故更沒理由要對你好……
世上絕沒有白吃午餐……
天上更不會掉下恩典……
突然對你好，不是搞怪就是準備耍賴……
長久對你好，必是用心更是真誠對待……
世上你不是最好的，能真心待你不容易……
地表你不是最真的，能用心對你不簡單
接受好，不但要疼惜把握更要珍惜緊握……
感受真，不但要感恩擁報更要知恩回報……

七五、謀而後動

有本領有時，是福也是禍……
畢竟淹死的，都是諳水的……
有本事有時，是好也是壞……
畢竟出事的，都是最強的……
沒本領，就因為沒本領反而不敢輕舉妄動～
沒本事，就因為沒本事反而不敢擅自行動～
有本領，往往丈著本領膽大妄為鋌而走險……
有本事，往往丈著本事肆無忌憚盲撞躁進……
有本領絕不等於成熟夠聰明～
有本事更不等於穩健有智慧～
成熟夠聰明的人，知道識時務者為俊傑……
穩健有智慧的人，明瞭通機變者為英豪……

七六、謹言慎行

一句傷人的話，絕不是說對不起就了事～
一件傷心的事，更不是給道個歉就沒事～
就像雪白的牆面漆上了紅漆……
當後悔漆白還是留下了暗影……
話不是說就算了，會不會後悔才是前提～
事不是做就算了，有沒有後果才是問題～
當下無所謂並非日後無所謂……
當時沒關係絕非以後沒關係……
行事前深思熟慮再行，可免日後忌諱煩憂～
講話前謹言慎語再講，必免以後害怕擔憂～

七七、一起加油

懂得放下的人，找到輕鬆……
懂得遺忘的人，找到自由……
懂得關懷的人，找到快樂……
懂得付出的人，找到朋友……
生活路上磨難多，遇見阻礙要往寬處想～
人生旅途酸楚多，遭逢困擾要往好處看～
選擇逃避，不一定躲得過……
勇敢面對，不一定不快樂……
僥倖得到，不一定能長久……
如若失去，不一定不再有……
煩惱憂愁拋腦後，自在清閒隨時有～
焦慮煩躁即時丟，穩健淡定向前走～
鼓勵，還在為精進認真努力的自己……
獻給，正在為奮鬥揮汗拼博的朋友……

七八、大家加油

是你的路沒有人幫你走～
是你的事沒有人幫你做～
生活是酸楚現實的，
生命是艱辛嚴謹的，
畢竟職場，沒有如果只有成果和惡果……
畢竟人生，沒有如果只有結果和後果……
生活之路很長，最終才知是成是敗～
人生旅途很遠，終點才曉是好是壞～
肩酸了，就卸下擔子稍做休息……
腳酸了，就放下行囊調氣喘息……
休息不是休假更不是懈怠，而是準備前進～
放鬆不是放空更不是懶惰，而是思考前途～
喝杯咖啡好好休息，往後想一想再做拼搏～
聽首音樂好好放鬆，往前看一看再做定奪～

七九、我思故我在

昨日的陽光，乾不了今天衣裳……
今朝的豔陽，暖不了昨夜愁悵……
感謝忘不了的昨天，這表示記憶仍清楚～
感恩忙不完的今天，這表示身體仍健康～
感激煩不完的明天，這表示頭腦仍清醒～
繾綣過去是種累贅，卻也是種生活回味……
憧憬未來是種牽絆，卻也是種人生滋味……
與其畏縮擔心憂愁，不如闊步昂首面對～
與其無奈傷心糾結，不如挺胸抬頭奉陪～

八〇、耳聽目明的省思

真正的起因才是事實的全部～
真正的原因才是事情的全貌～
親耳聽到又能如何……
聽到，僅事實的局部而非事實的全部～
即便，聽見事實的全部也聽不到起因～
親眼看到又能怎樣……
看到，僅事情的片貌而非事情的全貌～
即使，看見事情的全貌也看不透原因～
真正耳聰的人，能讀懂心聲也能識破起因……
真正目明的人，能看透心靈更能洞悉原因……

八一、行善莫言

以前的人，施恩不望報才叫美德……
現在的人，施恩就忘掉才叫捨得……
奉獻熱心助人，
不小心說溜嘴，被人知道，善行就變惡行～
無償愛心助資，
不經意脫口出，被人聽到，好事就變壞事～
更被認為，是討人情傷人自尊更會起反彈……
被誤以為，是討回報引人自卑更會起反感……
不經意的，一句牢騷話就會被擴大解讀～
不小心的，一句內心話更會被放大檢視～
做好人很難，做完好人只能在心裡有數……
做好事更難，做完好事只能當沒這回事……

八二、珍惜知足得圓滿

人心就是這樣～
有人理就自大，沒人理就自卑……
有人疼就任性，沒人疼就認命……
人性就是這樣～
有人追就驕傲，沒人追就焦躁……
有人愛就矯情，沒人愛就繳械……
總在，人家不理你的時候才知什麼叫珍惜～
總在，人家不甩你的時候才懂什麼叫知足～
不知珍惜的人……
被人放棄，才知什麼叫無法挽回的難言痛苦～
不懂知足的人……
被人拋棄，才懂什麼叫欲哭無淚的難忍酸楚～

八三、用心對待，真誠付出

天若有情天亦老～
月如無恨月常圓～
女人的美麗，是男人捧出來的……
女人的嬌柔，是男人寵出來的……
女人的體貼，是男人疼出來的……
女人的個性，是男人冷出來的……
女人的脾氣，是男人惹出來的……
女人的潑辣，是男人逼出來的……
愛一個女人，不是因為她有多漂亮，
而是她是否，有一顆善良的同理心～
愛一個男人，不是因為他有多少錢，
而是他是否，有一顆直爽的上進心～

八四、態度與心態的省思

自以為有本事的，怎會找能力差的比較……
自認為有本領的，怎會找實力弱的計較……
被人欣賞，是因為你的自信～
被人幫助，是因為你的人品～
被人尊重，是因為你的大度～
被人讚美，是因為你的操守～
被人出賣，是因為你的輕信～
被人欺侮，是因為你的懦弱～
被人挑釁，是因為你的輕挑～
被人踐踏，是因為你的卑微～
個性決定態度，態度決定思路……
性格決定心態，心態決定出路……
態度更決定朋友圈，也決定你的生活品質～
心態更決定生活圈，也定你的人生價值～

八五、無奈人生

人好不如，擁有一顆善良的好心～
心好不如，擁有一張會說的好嘴～
人都喜歡虛假，畢竟說虛說假就高人一等……
人不喜歡真誠，畢竟說真說誠就矮人一截……
說實話不如說好話～
說好話不如說虛話～
說實話逆耳討人嫌～
說虛話順耳得人緣～
用心領會，待人虛虛實實必須從容面對……
真情可貴，處事假假真真只要問心無愧……

八六、人性讀不懂

代人勞，人家不見得代你勞～
待人好，人家不見得待你好～
你可以對人良善，不一定對所有人良善……
你可以對人真誠，不是對每個人都真誠……
把你的良善，留給懂感謝的人～
把你的真誠，留給知感恩的人～
不須把真心，留給軟土深掘的人……
毋須把疼心，留給得寸進尺的人……
不說生悶氣～
說了更生氣～
給人便利，人家卻當自便還把你當隨便……
給人讓利，人家卻當應該還把你當活該……

八七、手機的省思

老公只是原配手機才是絕配……
老婆只是選配手機才是必配……
以前不離不棄的是夫妻～
現在不離不棄的是手機～
機不迷人人自迷，這不是笑話事實就是這樣……
機不害人人自害，絕不誇張現況不就是如此……
一機在手，人玩手機……
機不離手，人被機玩……
一機在手，天長地久……
機不在手，魂多沒有……
機可聯絡感情增廣見識，少玩一點眼睛較好……
機可交流情誼增加常識，少玩一點身體更好……

八八、觀念

思路決定出路，觀念決定方向～
心態決定格局，性格決定命運～
做事，明智選擇遠比努力重要……
執行，方向正確遠比速度重要……
做對的事情，遠比把事情做對重要～
用對的方法，遠比把方法做對重要～
成就不是問題，耐的住性子才是問題……
成功不是問題，能沉的住氣才是問題……
忍耐的痛苦，總比後悔的痛苦好～
勝利的喜悅，總比失敗的安慰好～

八九、改變

山不過來，那人就過去～
路不轉向，那人就轉彎～
如果改變不了事情，就先改變自己……
如果說服不了他人，就先說服自己……
命運不是名詞而是動詞～
命運不是放棄而是努力～
命運不是運氣而是選擇～
命運不是等待而是把握～
要改變命運先改變觀念……
想改善生活先改善做法……
觀念比能力重要，策劃比執行重要～
行動比承諾重要，選擇比努力重要～
人生沒有口水與汗水就沒有成功的淚水……
人不一定要生得漂亮但一定要活得漂亮……

九〇、家道

夫妻，只許講愛你不能講道理……
愛人，只許講感性不能講理性……
夫妻相處，裝瞎裝傻才是正道～
愛人相處，裝聾做啞才叫上道～
生活，不能講話王道更不要頭頭是道……
過日，絕不能嘴賤霸道否則吵吵鬧鬧……
少點嘮叨，多點沉默快樂更多～
少點囉嗦，多點瀟脫幸福多多～
少點比較，多點糊塗圓滿更多～
少點計較，多點模糊美滿多多～

九一、好老伴一起走

以前家有一老，如有一寶～
現在家有一老，全家逃跑～
你若和顏悅色，當你是寶～
你若囉哩八唆，當你是草～
這是，不爭的事實也是必須面對的現實……
畢竟，環境再變時代再變人也跟著再變……
當鬢髮染霜，得放下凡事更得多存點錢～
當容顏滄桑，得遠離煩人更得顧好身體～
更應該找幾個好老伴，老伴不是身邊的另一半……
而是能，相互扶持的好伙伴……
更可以，無話不說的好老伴……
願你我都成為，吃喝玩樂的好伙伴也是好老伴……

九二、神仙難救爛懶人

要做，不但會找時間找方法任何事都可能~
不做，不但沒時間更沒方法什麼事都失能~
若要做，會勇敢堅持自我鼓勵……
工作充滿活力，即便沒睡也不說累~
若不做，會畏縮逃避自我放棄……
終日四肢無力，即便躺平也是喊累~
做不做，是理想和價值的問題……
要不要，是意願和熱忱的問題……
人沒理想就懶，人一懶嘴就爛~
人沒熱情就爛，人一爛腦就殘~
等下再做，一等就拖到明天……
明天再做，一等就拖好幾天……
以後再做，一等就沒有明天……

懶人嘴爛講屁話，只會幫懶惰找懶藉口～
爛人腦殘說空話，就會幫藉口編爛理由～

九三、隨緣尊重

在怎麼勇敢的人，也有流眼淚的時刻……
在怎麼堅強的人，也有撐不住的時候……
一句隨緣～
不是兩手一攤的完全不作為，
而是竭盡所能之後的不強求……
一句尊重～
不是順其自然的放任不作為，
而是內心掙扎之後的無所求……
有些事盡了力就算了～
畢竟，鞠躬盡瘁全力以赴也得不到光彩……
有些人盡了心就忘了～
畢竟，掏心掏肺委曲求全也得不到青睞……

九四、面對現實

做人死皮硬拗叫沒志氣……
做事蒙混瞎掰叫沒骨氣……
幫錯誤找解釋，只是唬弄別人卻騙不了自己～
幫懶惰找藉口，只是硬拗別人更縱容了自己～
幫失敗找理由，只是牽拖別人卻瞞不了自己～
事實就是現實，應承擔的必然逃不了……
現實就是事實，該肩負的肯定躲不了……
逃不了就不要閃，大膽接受事實尋求解決～
躲不了就不要推，勇敢面對現實直球對決～

九五、人生三難

認識自己很難～
說服自己更難～
改變自己最難～
與其認識別人，不如先認識自己……
與其說服別人，不如先說服自己……
與其改變別人，不如先改變自己……
自己都不搞定，如何搞得定別人～
自己都鎮不住，如何鎮得住別人～
自己都抓不住，如何抓得住別人～
生命最大的敵人，就是自己的脾氣和個性……
人生最大的貴人，就是自己的開朗和豁達……

九六、當家作主

大師說很重要，你怎麼想更重要……
法師說很重要，你怎麼做更重要……
畢竟大師只是提如果的建議，
不會替你想更不須承擔後果～
畢竟法師只是給如果的意見，
不會幫你做更不用負責結果～
所謂的大師，
只是在你茫然失措時，所幻想期待的貴人……
所謂的法師，
只是在你徬徨無助時，所想像等待的高人……
決策前，能細心思考審慎評估才重要～
行動前，能小心佈局即時應變最重要～
人生沒如果，

只有勇敢面對，現實考驗後的苦果和結果……
生命沒如果，
只有大膽接受，事實驗證後的成果和後果……

九七、改變自己

法師，是只會念經頭上無髮的凡人絕不是高人……
大師，是很會講話不懂法術的常人更不是貴人……
運不好找法師改運叫痴心妄想～
命不好請大師改名叫空思夢想～
運不好絕不是改運，而是改脾氣改個性……
命不好更不是改名，而是改觀念改心態……
脾氣一改，個性一改，人變得謙卑寬容……
觀念一改，心態一改，心變得開朗豁達……
人一謙卑寬容，
氣場必然變好，人緣更好貴人好人就跟著來～
心一開朗豁達，
命運必定變好，人氣更旺高人良人不請自來～

九八、實力與能力的醒思

相同一席話，講的人不同解讀必然不同～
相同一件事，做的人不同結果必定不同～
刻薄嘴賤和幽默，是兩回事……
口無遮攔和坦率，是兩回事……
沒有教養和隨性，是兩回事……
輕重不分和耿直，是兩回事……
一件事，能華而不彰拿捏得宜，叫實力堅強～
一席話，能簡而不俗恰到好處，叫能力超強～
唯有實力強的才能說服人，
論述和原則才會被人看重……
唯有能力夠的才能信服人，
榮耀和底線才會被人尊重……

九九、尊賢與敬老的醒思

誰說要敬老尊賢，可以尊賢又何必敬老……

什麼事都不做人就老了，為什麼要尊敬……

從小做事，總是怠惰鬼扯愛打混的人～

年紀大，只是從小混混變成了老混混……

從小做人，總是推拖瞎混打迷糊的人～

年紀大，只是從小迷糊變成了老迷糊……

能力好，不是因為年紀大能力就自然變好～

實力強，不是因為年紀大實力就必然變強～

能力好，是因為無時無刻學習精進的結果～

實力強，是因為夙夜匪懈用心堅持的成果～

能力好又有本事必是賢人，一定要稱揚推崇……

實力強又有本領必是高人，更是要讚嘆追從……

一〇〇、塞翁失馬

世上根本不存在，不會做這一回事……
當失去所有依靠，自然什麼都會做……
生活輕鬆優渥突然沒了金援，
才知什麼叫驚惶失措的難過～
過日自在逍遙忽然斷了資源，
才知什麼叫動盪飄搖的難受～
人心就是這樣，
有金援可靠時，為人處事就奢侈浮誇率性……
人性都是如此，
有資源可賴時，待人接物就霸氣矯縱任性……
總在無所依賴，才驚慌反省才知發憤圖強～
總在失去依靠，才猛然覺醒才懂自立自強～

一〇一、一張嘴看人品

真正靠一張嘴的人……
論述頭頭是道，而且邏輯清晰類比分明～
只會出一張嘴的人……
乍聽頭頭是道，卻是前後矛盾晦澀不明～
真正靠一張嘴的人……
雖然自己做不到，卻能堅持專業用人唯才～
只會出一張嘴的人……
當然自己做不到，更是粗心胡扯反覆瞎掰～
做人堅持就是信用……
做事用心就是專業……
做人反覆就是失信……
做事粗心就是造業……
用心堅持的人，講出口的絕對是信用專業～
粗心反覆的人，說出口的必然是失信造業～

一〇二、格局與眼界

是不是才，現了身就知道……
是不是貨，開了口便知曉……
說的比唱的好聽，天花亂墜沒人聽～
說的容易做的難，小心大膽最困難～
遇事，武斷喧嘩貿然躁進的叫白痴……
遇事，細心觀察淡定嚴謹的叫大師……
處事，膽大妄為做大問題的叫蠢才……
處事，用心審慎終結問題的叫人才……
思路決定出路，格局決定人生結局～
氣度決定高度，眼界決定生命境界～

一〇三、心靈

誰真誰假心會看到……
誰虛誰實靈會知道……
最是小事見真情，最是細處見人心～
人之相交在於情，人之相惜在於懂～
最真的情總是坦誠相待……
最懂的人絕對無可取代……
懂你的人，能走入你的心間讀懂你的心靈～
你懂的人，會走入他的心房傾聽他的心聲～
人生中最難求的是真情……
生命中最難懂的是感情……
真情不只是嘴動，而是能令人感動～
感情不只是行動，而是能讓人心動～
雪中送碳的人，會悄悄走入你心房……
虛情假意的人，只會慢慢使你心寒……

一〇四、善待自己

人生不外乎是，幸運和遺憾的往復……
生活只不過是，愉悅與煩惱的反覆……
想透了，穿林清風不留跡～
看開了，雲淡風清不憂淒～
今天那個人和你有說有笑……
明日那個人突然就見不到……
該煩的事，還沒煩完人就走了～
該惱的人，還沒惱夠人就完了～
世間沒來日方長……
堪嘆人生不久長……
處事不強求不比較，事只要用心就好～
為人不攀比不計較，錢只要夠用就好～

一〇五、確幸自己找

喜歡做自己的事，叫人生勝利組……
做自己喜歡的事，叫人生幸福組……
喜不喜歡，有時是身不由己說了算～
高不高興，有時是迫不得已說了算～
有夢最美，
勇敢拋開情非得已，就是人生勝利組……
希望相隨，
大膽甩開迫不得已，就是人生幸福組……
即便，當不了勝利組總可忙裡偷閒～
偶爾，對自己好一點也是種小勝利～
即便，還不是幸福組總可苦中作樂～
偶爾，對自己甜一點也是種小幸福～

一〇六、拼搏

挫折就是在找你麻煩，
若經得起你會更堅強……
教訓就是在磨你心智，
若挺得住你會更睿智……
人何嘗不是，在挫折中尋求成長茁壯……
人何嘗不是，在教訓中謀求成熟發展……
過慣了風平浪靜日子的人，
哪經得起風起雲湧的衝擊……
過慣了豐足優渥生活的人，
哪受得住困頓憂鬱的打擊……
人生哪有沒挫折～
閃躲不是辦法，提起勇氣面對困境找出辦法……
生活哪有沒教訓～
畏懼不是方法，拿出志氣承擔挑戰尋求方法……

一〇七、迷惘人生

人生就是，一邊擁有一邊失去……
生活就是，一邊選擇一邊放棄……
今天陌生的，是昨天熟悉的……
現在記住的，是以前淡忘的……
不是人生選擇了你~
而是你選擇了人生~
你以為的希望，
卻讓你在不自覺中，深陷陰霾和絕望……
你認為的絕望，
在不遠拐彎轉角處，就是陽光和希望……
人生最大的悲哀是~
遇良師不學，遇良友不交，遇良機不握……
人生最大的遺憾是~
不知道選擇，不堅持選擇，不斷地選擇……

一〇八、心懂

人生何必如初見……
但求相看兩不厭……
相逢之初，舉止當然優雅客氣～
相識不久，言行必然斯文秀氣～
時日一久，舉止就傲了氣……
時日一久，言行就霸了氣……
時日一久，既打嗝又放屁……
時日一久，打哈欠擤鼻涕……
因為在乎所以客氣～
其實誰都沒變樣，只是忘了偽裝假矜持……
因為在意所以秀氣～
其實誰都沒變壞，只是忘了裝扮戴面具……
能接受不矜持的妳，才是永不移的真情～
能忍受面具後的你，才是最牢靠的真愛～

一〇九、平安是福，健康是樂

也許你對生活感到煩悶煎熬……
有時你對人生感到忿恨懊惱……
走趟醫院一定會有很多感觸～
探下病患必定會有更多領悟～
重病的不只是苦惱，
而是藥石罔效，挽轉乏路不知如何才好……
瀕死的不僅是煎熬，
而是病入膏肓，命在旦夕不知如何是好……
會慶幸，什麼叫做比上不足比下有餘～
會領悟，遠離疾苦纏綿其它都是多餘～
身體能健健康康，才是生活真諦……
過日能平平安安，就是人生勝利……

一一〇、圈子不同不必強融

處事，每個人都有自己的立場和角度……

生活，每個人都有自己的想法和方式……

有時心直口快，使人進退兩難～

有時口無遮攔，讓人左右為難～

說該說的，不該說的靜觀不說叫不予置喙……

參該參的，不該參的沉默不參叫減少誤會……

學會在懂你的人群裡過日，必定平安康泰～

學會在你懂的人群裡生活，必然自由自在～

不必將所有的人帶進你的生活圈……

不必闖進本就不屬於你的朋友圈……

二一、自問

越忙越需要找時間停歇沉澱～
才能從過去的挫折尋求出路……
越亂越需要找機會反思回顧～
才能從受過的教訓謀求活路……
從現在看過去，會看見無知～
從寬容看是非，會看見解脫～
從接受看命運，會看見踏實～
從平凡看生活，會看見快樂～
從檢討看內心，會看見成長～
從隨緣看事物，會看見自在～
從善念看他人，會看見平和～
從樂觀看未來，會看見希望～
從反省看自己，會看見轉機～

從知足看人生，會看見珍惜～
人生最困難的事，就是說服自己改變自己……
人生最偉大的事，就是降伏自己戰勝自己……
活在昨天的人，會失去過去～
活在明天的人，會失去未來～
活在今天的人，能擁有過去和未來～

一一二、讚嘆鼓勵好處多

人抬人能抬出偉人……

僧抬僧必抬出高僧……

相互鼓勵，就是在鼓舞士氣～

相互讚嘆，必然讚出好名氣～

大器的人，把別人看成寶……

你褒我，我保你大家是寶……

傲氣的人，把別人都看扁……

你貶我，我騙你相互看扁……

看不起別人，就是看不起自己～

看得起別人，就是看得起自己～

大家讚嘆多光彩就愈多，人生就更精彩……

相互鼓勵多獲益就愈多，生活就更容易……

一一三、淡然必自在

逢人不談人間事，便是人間無事人～
遇事不談世間人，便是世間消遙人～
哪有一件工作不辛苦……
哪有一處人事不複雜……
苦是必然，累是當然～
雜是必然，難是當然～
明知苦再說苦更痛苦……
明知累再說累更勞累……
明知雜再說雜更複雜……
明知難再說難更困難……
看得淡的坦然面對，天地清寧萬里無雲～
放得開的泰然應對，心如輕煙清風穿林～

一一四、我的未來不是夢

想的比做的還快～
職場人的理想，錢多事少離家近位高權重責任輕……
說的比唱的好聽～
職場人的夢想，週休二日冷氣房咖啡甜點吃不完……
也許，這僅是無聊瞎掰的痴心妄想……
或許，這只是隨意打屁的空思夢想……
如果敢～
勵志將理想當成目標努力拼博……
未來絕不是妄想必然達成理想……
如果能～
立志將夢想化做行動賣力堅持……
幸福絕不是空想必然完成夢想……
轉個觀念～
不要光說不練，敢拼博的人必定有出路……
換個心態～
不要好高騖遠，能堅持的人必定有前途……

一一五、追夢圓夢

人生有夢想晨昏都開朗……
生活有理想朝夕都清爽……
以前，年輕人愛作夢被譏諷貪玩不切實際……
畢竟，年輕人沒能力沒實力所以夢還是夢……
現在，老年人愛作夢應該被祝福讚美鼓勵……
畢竟，年老人有能力有實力所以夢不是夢……
用願景理想編織的夢叫美夢～
能縝密構築規劃的夢叫追夢～
將願景理想付諸行動叫圓夢～
有了點經濟，想花想買就不要嫌貴……
到了個年紀，想玩想樂就不要喊累……
有夢想的人最美麗～
趁著還有能力和體力，就放心大膽追夢去……

敢行動的人最帥氣~
趁著尚有實力和腳力，就開心快樂圓夢去……

一一六、越挫越勇

遭遇吃虧受騙絕不是壞事……
經歷折磨教訓反而是好事……
從沒吃過虧的不會機伶～
從沒受過騙的不會聰明～
沒受過折磨的不會成長～
沒受過教訓的不會堅強～
只有，真正經歷過吃虧受騙的人才會覺悟……
唯有，親身遭遇過折磨教訓的人才會自省……
睿智的人，都是在覺悟中蛻變成熟穩健～
成功的人，都是在自省中轉化豁達幹練～

一一七、謀而後動

來是偶然去是必然，盡其當然順其自然～
逆是正常順是反常，避其失常用其經常～
考慮週全，得之坦然失之淡然……
審慎行動，爭取必然結果泰然……
曉反弓自省過去事的人，
更曉考慮週全為人處事～
懂冷靜思考未來路的人，
更懂審慎行動待人接物～
什麼是困難，畏懼膽怯裹足不前就是困難……
那裡是出路，勇敢大膽邁步向前就是出路……

一一八、先苦後甘不簡單

沉得住氣放得下身段的，絕非等閒之輩～
耐得住性子彎得下腰的，必是能人高手～
在一個公司，要得到老闆的青睞和賞識……
絕不是，有能力有實力或有過人的學歷～
而是你，是否敢挑戰什麼是最苦最勞累～
在一個團隊，想得到大家的推崇和愛戴……
絕不是，有本事有本領或有敖人的履歷～
而是你，是否敢承擔什麼是最煩最疲憊～
敢挑戰苦勞累的人，就是有顆善良的同理心……
勇承擔煩疲憊的人，就是有顆感恩的慈悲心……
為人超然氣度非凡，公司長官必然依賴重用……
行事坦然剛正不阿，團隊成員當然佩服敬重……

一一九、格調與格局

人非聖賢，話總有說錯的時候～
人無完人，事必有做錯的時候～
說錯是問題，但不是沒方法排解……
而是在於，坦白程度和誠意溫度……
做錯是問題，絕不是沒辦法化解……
而是在於，犯後態度和改過進度……
說錯被指正不硬拗，就是種風度～
做錯就認錯不反駁，就是種氣度～
直爽坦承謙卑認錯，就是種大度～
率真抱歉懇求諒解，就是種高度～
只要一句話，就可見證一個人的為人格調……
只須一件事，就可看出一個人的處事格局……

一二〇、方圓得宜無往不利

做人處事要方圓並濟……
能外圓內方才是境界……
方是做人的基本原則～
圓是處事的最高智慧～
做人只圓不方，八面玲瓏未免滑頭矯情……
處事只方不圓，四方稜角必然窒礙難行……
方是原則也是路徑，隨機應變當方則方～
圓是靈活也是變通，見風使舵當圓則圓～
為人外圓內方，必可進退得宜無往不利……
處事遇方轉圓，必然得心應手左右逢源……

一二一、珍惜感恩

沒經過試煉怎經得起考驗～
沒經過考驗怎會心甘情願～
友情的真，絕不是靠廉價的誓言～
愛情的美，更不是靠便宜的諾言～
在落魄的時候，才知道誰的手最暖……
在爭吵的時候，才知道誰的心最軟……
有情有義的心最真，你真我更真～
不離不棄的心最美，你美我更美～

二二、放下

人間三千事，淡然一笑間～
淡看人間事，修得平常心～
很多人總是喜歡，
拿順其自然來敷衍人生道路上的挫折遭遇與坎坷打擊……
真正的順其自然，
其實是竭盡所能之後的不強求而非兩手一攤的不作為……
曾經盡心盡力，就靜觀其變順其自然～
已經全心全意，就見機行事隨遇而安～
何必為，難以釐清的是非得失而糾纏苦惱……
何須為，混沌未明的成敗輸贏而焦慮牽掛……

一二三、事實與現實

我最看不起那些同事～
明知，老闆說的不對還一直猛點頭……
我真心就是這樣認為～
老闆，絕不可能有任何不對的地方……
老闆是企業的主人～
在公司他就是老大～
他說了就算，別人說的不算……
他可以生氣，別人不能生氣……
他不會犯錯，也不可能犯錯……
他不容挑戰，也不會被挑戰……
得面對現實～
其實我不是狗腿，而是含淚咬牙當狗腿……
得認清事實～
其實我不只無奈，而是暗自悲哀嘆無奈……

一二四、行動

舞台再大，不敢上臺永遠是個觀眾……
平台再好，不敢參與永遠是個粉絲……
理想再高，不敢行動永遠是個神話……
膽子再大，不敢勇闖永遠是個笑話……
成功就像是把梯子，
老是雙手插在口袋的人絕爬不上去～
只有大膽緊握雙手，
勇敢奮力向上爬的人才能達到頂峰～
馬行千里吃草……
狼行千里吃肉……
活魚逆流而上……
死魚隨波逐流……
機會只會關注，有願景敢行動敢嘗試的人～
成功只會眷顧，有理想敢苦幹敢勇闖的人～

一二五、志同才能道合

吃什麼不重要，跟誰一起吃才重要～
去哪兒不重要，跟誰一起去才重要～
跟談不來的人，即使山珍海味也食之無味……
跟不對味的人，即便美景當前也裹足不前……
對上味的，是腦子裡有相同興趣～
談得來的，是心裡頭有共同話題～
跟對上味又談得來的一起生活，叫逍遙快樂行……
跟不對味又談不來的一起生活，叫悲哀修苦行……

一二六、騙子與傻子

用情的承諾是未來幸福，未兌現之前是假的……
用意的承諾是藍色陷阱，至始至終都是假的……
美麗動心的承諾，靠的是套路～
華麗動情的承諾，靠的是演技～
承諾就是騙子說給傻子聽的……
若傻子當真騙子也跟著認真……
世界上只有騙子才是真心的……
因為只有騙子會用真心騙你……
傻子從來不認為自己傻所以才叫傻子～
傻子當真所以騙子不認為自己是騙子～
騙人的是惡魔……
騙子的套路細膩動人心，傻子心甘情願誰能如何～
被騙的是豬頭……
騙子的演技精湛動人情，傻子無怨無悔誰能耐何～

一二七、高度與格局的醒思

從高空往下瞰，全是怡人風景～
從土丘往下看，全是惱人垃圾～
如果你是螞蟻，眼前的小石就是障礙更是困境⋯⋯
如果你是大鵬，腳下的山峰絕非障礙而是美景⋯⋯
人若沒有高度，看到的都是難度～
人若沒有格局，看到的都是爛局～
螞蟻心態，任何小事都是天大的事⋯⋯
大鵬心態，任何大事都是芝麻小事⋯⋯
心態決定視野～
思路決定出路～
換個角度，可以提升高度寬大格局⋯⋯
轉個觀念，可以蛻變價值改變結局⋯⋯

一二八、職場叢林面面觀

老闆，是要你聽話不是要跟你講話～
畢竟，聽話只是閉嘴聆聽老闆講話……
講話，則是你來我往相互討論溝通……
長官，是要你建議不是要你給意見～
畢竟建議，只是你心裡的想法看法……
竟見卻是，長官才能做的關鍵決策……
老闆只要員工聽話是理所當然，
員工不能反駁更不能不以為然～
長官只聽部下建議是天經地義，
部下不能反彈更不能不以為意～
只要員工聽話，不準講話的老闆雖有理……
卻是個沒氣度，沒高度的蠻橫霸道豬頭……
只許部下建議，不聽意見的長官雖合理……

卻是個沒格調，沒格局的獨斷高薪工頭……
豬頭老闆用個性脾氣經營公司，
蠻橫自大沒高度看到的都是難度～
工頭長官用感性情緒管理團隊，
獨斷高傲沒格局看到的都是爛局～
轄下員工只能唯唯諾諾無奈迎合，
上班絕對沒士氣內部絕沒向心力……
團隊成員只能畏畏縮縮忍耐配合，
面對工作沒勇氣對外絕沒競爭力……

一二九、當真無敵，認真無懼

不要太看得起自己～
也不要看不起自己～
有多少能力就樸實呈現叫實在……
有幾分能耐就老實展現叫務實……
太看得自己叫自大，只是欺騙自己唬弄別人～
看不起自己叫自卑，只是欺負自己壯大別人～
不用自大有本領不必多說，
就大方站出來讓能力說話……
不用自卑有本事不必畏縮，
就大膽做出來讓能耐說話……
沒有誰比誰行，只有誰比誰更當真～
沒有誰比誰強，只有誰比誰更認真～

一三〇、豁達

不是你想明白之後才無所謂~
而是你無所謂之後才想明白~
人就是這麼複雜，一靜下來就胡思亂想……
心就是這麼糾結，一閒下來就空思妄想……
想到不爽的事，總會懊惱氣憤難過……
想到不滿的人，更會沮喪悲哀難受……
人靜下來時就會捫心自問~
只有傻子才會，拿過去的不爽折騰自己……
心定下來時就會自我反思~
只有笨蛋才會，拿曾經的不滿折磨自己……
唯有不問過往，才能放下堅持放過別人~
唯有不計前嫌，才能放下執著放過自己~

一三一、誰是真朋友

仙人打鼓有時錯，處事誰能沒過錯～
人非聖賢誰無過，做人哪有不犯過～
能適時指點駁斥你的，才是真正的朋友……
能適地提醒批評你的，必是絕對的朋友……
前提時機要對，而且敢說更不怕有忌諱～
前提場合要對，而且敢講更有過人智慧～
等別人都走了才罵你的……
就是為你疼心付出，留你後路的好朋友～
等別人都來了才罵你的……
就是對你狠心輸出，絕你退路的壞敵人～

一三二、決心

人生努力的過程，無非是見效或見笑……
人生奮鬥的結果，無非是皆效或街笑……
從容，做好遇見前者的準備～
坦然，做好遇見後者的面對～
即便不是贏家，也不要成為輸家……
即便沒有成功，也定要有所成就……
世上沒有不公平的事，只有不公平的心～
人生沒有過不去的坎，只有過不去的人～
絕無懈怠藉口，堅持脫離怯懦平庸不愚……
更無懶惰理由，堅定改變脫胎換骨不疑……

一三三、懂難

只有頻率靠譜的人～
才懂得相互傾聽，更懂得內心訴求……
只有靈魂對等的人～
才懂得彼此心聲，更懂得心靈交流……
思路不同境遇不同，頻率難靠譜～
經歷不同遭遇不同，心靈難交流～
內心的寄託，只能給你懂的人……
心靈的托付，唯有給懂你的人……
曾痛到哭不出聲的人，才知悟更懂得珍惜～
曾輸到一無所有的人，才知悔更懂得感恩～
真正你懂的人不須表白，你能讀懂他的心聲……
真正懂你的人不用告白，他能看透你的心靈……

一三四、樂觀就好

誰對誰錯理解就好，誰好誰壞能用就好～
家貧家富和諧就好，錢多錢少夠用就好～
少點計較歡喜就好，少點比較高興就好～
人生苦短隨緣就好，過日艱辛隨興就好～
就好，其實是種情非得已的違心讓步遷就……
也是種現實怨懟，更是種百感交集的無奈～
就好，其實是種言不由衷的勉強妥協將就……
也是種務實策略，更是種五味雜陳的忍耐～
轉一個角度看人生，生活就會燦爛光彩……
換一種心境過生活，生命就會美麗精彩……

一三五、泰然面對

壓力引起憂鬱，累積太多言行失常～
壓抑導致焦慮，持續太久情緒反常～
人若憂鬱，逢丁點困難就垂頭喪氣……
心若焦慮，稍有點困擾就失控生氣……
想到什麼都怨倦，聽到什麼都討厭～
見到什麼都不爽，看到什麼都不滿～
成熟的人知道，生活有壓力不過是日常……
穩健的人知道，過日有壓抑也只是正常……
豁達的人明瞭，與其排斥不如欣然接受……
幹練的人明瞭，與其逃避不如坦然忍受……

一三六、品格

能力差的人脾氣更差，說話幼稚行為急躁……
脾氣差的人耐性更差，說話狹隘行事激進……
能力差的人總是自命不凡～
行事無厘頭沒決策意見多……
真的讓他做卻又推三阻四……
脾氣差的人只會自以為是～
為人無大腦沒主見意見多……
說好讓別人做又說三道四……
能力好的人耐性更好，說話成熟行為穩健～
耐性好的人脾氣更好，說話豁達行事幹練～
驢是驢馬是馬，誰是懶驢誰是好馬騙不了……
虎是虎貓是貓，誰是猛虎誰是小貓變不了……

一三七、謊言的醒思

以謊救人應急，是仁慈也是大度善舉……
以謊害人利己，是殘酷更是罪大惡極……
善謊說的真，是一種藝術～
善謊說的妙，是一種境界～
善謊說的圓，是一種智慧～
最好的謊言，必須能巧妙舖陳部份事實……
最爛的謊言，就是從頭到尾沒一句真話……
謊說的淡定衷懇必定成真話～
謊說的緊張虛偽就成了屁話～
巧妙的謊言，能平息紛爭化解僵局……
高明的謊言，能消弭矛盾顧全大局……
智慧的謊言，能調和鼎鼐圓滿結局……

一三八、包容無敵

地表不怕，無敵打不倒的對手～
世上最怕，無能不團結的隊友～
團結才能一致對外，和諧才能共創美好……
團結絕不是你退下，和諧更不是你聽話……
為團結，溝通說明不是問題～
誰能先，放下身段才是問題～
為和諧，協調整合不是問題～
誰能先，放下矜持才是問題～
有度量的人，放得下身段……
懂得先傾聽，再溝通說明……
有雅量的人，放得下矜持……
曉得先讓步，再協調整合……
在職場最怕，一人一把號各吹各的調……
在團隊更怕，一人一張嘴誰都不讓誰……

一三九、識人

嘴裡說得出來的話叫內容……

嘴裡說不出來的話叫內涵……

表達不但能簡單明瞭～

而且，邏輯清晰段落分明的人叫有內容……

傾聽不但能專注有禮～

而且，儀態成穩舉止文雅的人叫有內涵……

聽了就知～

不說話還像點樣，一說話就扭捏走樣……

看了就曉～

少說話還有點樣，多說話就左顧右盼……

若是角色～

話有內容有內涵，落落大方氣宇軒昂……

若是垃圾～

話沒內容沒內涵，畏畏縮縮雜亂無章……

一四〇、事久見人心

承諾是假的，兌現才是真的～
兌現是假的，藉口才是真的～
藉口是假的，拖延才是真的～
拖延是假的，騙人才是真的～
慢慢會知道……
有些人信口開河畫大餅，
到頭來瞎掰閃躲搞迷糊～
慢慢會知道……
更有人信口雌黃給承諾，
到時候藉口龜縮裝糊塗～
騙子，靠嘴做承諾光說不練以拖待變……
君子，用心做承諾做了再說行動兌現……
有風度的人用誠信說話，說到做到面子到……
有氣度的人用誠意行動，人到情到溫度到……

一四一、堅強

生活不會因為，你的訴苦抱怨而改變……
人生不會因為，你的難過憂愁而轉變……
即便碎念抱怨生活事，還是得含淚含怨做～
即便嘮叨憂愁人生路，還是得咬牙咬愁走～
越怨越懊惱，折騰的還是自己……
越愁越煩擾，折磨的也是自己……
人情冷暖，沒人會因為你的哭而為你流淚～
社會現實，沒人會因為你的苦而為你疲累～
只有擦乾眼淚，將苦楚化做能量勇敢應對……
唯有吞下疲憊，將辛酸化做力量咬牙面對……

一四二、裝的哲學

當我們年輕的時候，總無法懂得……

當我們懂得的時候，已不再年輕……

年輕的時候總揣著，糊塗裝明白～

年老的時候卻揣著，明白裝糊塗～

歷經歲月滄桑的人，為人明白老成持重……

年少涉世未深的人，行事糊塗懵懂放縱……

裝糊塗是謹慎，更是瞻前顧後因勢利導～

裝明白是壯膽，更是短視近利胡為亂搞～

裝糊塗其實不糊塗，裝的越真越沒衝突……

裝明白其實不明白，裝的越像越沒前途……

一四三、弱者與強者之分

人之所以犯錯～
不是因為不懂，而是自以為什麼都懂……
人之所以失敗～
不是因為不會，而是自以為什麼都會……
人越弱越是自卑，也只有弱者才會逞強～
人越強越有自信，也只有強者才懂示弱～
逞強並非堅強，而是虛張聲勢激進躁動……
示弱絕非懦弱，而是審慎評估謀而後動……
弱者不示弱，因為目光短淺看不到未來～
強者不逞強，因為高瞻遠矚能預見未來～

一四四、知心

有些文字很簡單，卻讀懂很多人的心……
有些話語很樸實，卻溫暖很多人的靈……
人與人之間的感動～
靠的是一份真心換一寸真情……
情與情之間的緣分～
憑的是一顆心捂熱另一顆心……
話不在多，只要入心最暖～
情不在熱，只要貼心最真～
一句我懂，暖到令人落淚～
一個擁抱，可以感動心肺～
得到一個懂你的人，勝過萬千個過客……
聽到一句懂你的話，賽過無數的安慰……

一四五、人是健忘的

不是個性壞當無賴，而是不經意無賴……
不是品性差愛耍賴，而是不小心耍賴……
有交辦只是回事～
做或不做是一回事，做完或做好是另一回事……
有說明只是回事～
聽或不聽是一回事，聽懂或不懂又是一回事……
成熟穩健的人知道，事不是有交辦就算～
幹練豁達的人明瞭，話不是說出口就算～
畢竟人腦不是電腦，叮嚀跟催查核才算……
即便電腦也會短路，再三確認無誤才算……

一四六、放棄假聖人

笨到理所當然卻說，智慧超人叫死不認錯～
壞到理直氣壯卻說，大度過人叫骯髒齷齪～
腦袋沒墨水不可悲，笨到理所當然才可悲～
肚子爛餿水不可怕，壞到理直氣壯才可怕～
人笨不恐怖……
自以為才華出眾，智慧超人才令人恐怖～
心壞不可惡……
自認為慈悲為懷，大度過人才令人厭惡～
笨之所以笨……
是命太好，沒受過挫折煎熬和糟蹋磨練～
錯仍不知錯……
是運氣好，未受過教訓羞辱和失敗考驗～
溫室中的花朵……

沒受過風霜雨雪，怎知什麼是黑白對錯～
象牙塔裡的人……
與社會完全脫節，怎知什麼是正邪善惡～

一四七、難言

家家都有本難念的經……
人人都有首難唱的曲……
表面看似，幸福快樂光彩奪目～
掀開卻是，黯淡悽慘不堪入目～
絕沒有誰比誰更堅強，
只是不願掀開瘡疤布……
絕沒有誰比誰更勇敢，
只是不想碰觸傷痛處……
人人都有難以言表的辛酸～
家家都有不為人知的痛楚～
只是怕被笑不願隨便說出～
只是愛面子不想逢人訴苦～

一四八、隨和無敵

別人討厭你，是你讓人討厭……
因為，你比較計較大家不要……
別人喜歡你，是你讓人歡喜……
因為，你隨意隨和大家歡喜……
喜歡比較的人不快樂～
人不快樂更喜歡比較～
喜歡計較的人不幸福～
人不幸福更喜歡計較～
懂遷就的人，為人隨意有風度……
知謙讓的人，處事隨和有氣度……
為人隨意的，做事不比較什麼事都好～
處事隨和的，做人不計較什麼人都好～

一四九、堅持堅強堅定

說要勇敢奮鬥～
絕不是靠張嘴，而是咬著牙揮著汗水……
想要達陣成功～
更不是依靠誰，而是含著淚淌著血水……
哪個勇敢的人，不都是揮著汗水仍在前進～
哪個奮鬥的人，不都是緊咬著牙繼續堅持～
哪個達陣的人，不都是含著淚水仍在奔跑……
哪個成功的人，不都是淌著血水繼續拼搏……
達陣～
絕非僥倖更非突然，而是奮鬥向前的必然……
成功～
更非幸運也非偶然，而是勇敢堅持的當然……

一五〇、接受挑戰

生活過日哪有風平浪靜～
人生旅途哪有萬里無雲～
彈簧沒受力只是塊鐵圈，承得了壓力才是個彈簧……
皮球不受氣僅是張橡皮，灌飽了空氣才是個皮球……
壓力是一種危機也是翻身的轉機～
壓力更是呈現潛在能力的好機會～
受氣是一種契機也是蛻變的佳機～
受氣更是展現自我實力的好舞台～
與其畏懼閃躲，不如放手一博接受衝擊……
與其逃避退縮，不如孤注一擲正面迎敵……

一五一、冤親債主

有理說不清的是愛人……
秀才遇到兵的是家人……
能力好口才好，在外可以說服十個人～
能耐好反應好，在外可以降服一群人～
即便本事再高，在家卻說服不了愛人～
即便本領再強，在家卻降服不了家人～
畢竟愛人，只講感性不講理性……
畢竟家人，只會任性不會認命……
佛家說愛人是，藕斷絲連的前世冤親……
道家說家人是，難捨難離的今生債主……
是冤親躲不了，得償還更得歡喜信受～
是債主逃不了，得還完更得心甘情願～

一五二、修口

口氣不對傷人無形～
習慣不好諸事難行～
多數人對陌生人講話，口吻大都委婉客氣……
這些人對親密人講話，口氣反而苛刻嚴厲……
好比說：陌生人擋住你的去路～
都會低聲客氣的說，拜託請讓一下謝謝你……
比方說：親密人擋住你的視線～
都會大聲隨性的說，幹嘛你給我閃開一點……
苛刻嚴厲的口氣說慣了～
雖是星星之火，必定會引發口角怨懟……
大聲隨性的口吻說久了～
雖是小小火花，可能會引起家庭革命……
把這個壞習慣改過來，家庭和諧一定加分～
把這種爛口氣轉過來，親人關係一定滿分～

一五三、戲說人生

在社會不懂套路叫無知~
在職場不懂策略叫白痴~
套路就是劇本也是標題……
策略就是劇情也是演技……
好的套路，必然得人心順人意~
好的策略，當然感人心動人情~
溫馨的標題，引人入勝……
優值的演技，扣人心弦……
最佳的劇本，令人信服……
超棒的劇情，使人欽佩……
人生如戲，生活過日靠演技~
戲如人生，唯有套路得人心~
其實最好的套路，就是發自內心的真誠……
其實最佳的演技，就是展現真誠的內心……

一五四、錢的醒思

湯若沒鹽不如水，人若沒錢不如鬼……
錢雖然不是萬能，沒錢卻萬萬不能……
錢有不一定什麼都有，沒錢一定什麼都沒有～
錢多不一定幸福快樂，沒錢一定沒幸福快樂～
有錢不是罪，卻是物慾誘惑使人喪失智慧……
沒錢不是贅，卻是現實考量讓人情緣夢碎……
沒錢只是草，得拼死拼活賺到飽～
有錢就是寶，只要想花夠用就好～

一五五、命比錢更重要

說什麼親情愛情友情，沒錢什麼都不行……
說什麼錢子車子房子，沒命什麼都不是……
有夢最美希望相隨～
有錢才美希望得遂～
有命更美希望永遂～
有夢沒錢，心裡所想的全都是神話……
有錢沒命，手中擁有的終將是鬼話……
年輕人的悲哀，有夢沒錢拿命換錢……
老年人的無奈，有錢沒命用錢換命……
錢很重要～
努力賺飽最好，畢竟有錢才有實力作夢……
命更重要～
身體得先顧好，畢竟有命才有能力圓夢……

一五六、永不回頭

有些人可以等待，就是不能太過信賴～
有些人可以期待，就是不要太多依賴～
說好的又怎樣，終究還是悔了……
講好的又如何，最後還是毀了……
一個美麗謊言，使人如夢初醒～
一個虛假承諾，讓人深刻反省～
該走的路還是得走，畢竟生活路還很長……
該做的事還是得做，畢竟人生事還很多……
何須纏著往事不放手～
何必賴著曾經不肯走～

一五七、覺悟

隨意餵野狗三天，會一輩子認得人……
真誠善待人三年，細故翻臉不認人……
才確實了解，什麼是人情似紙張張薄～
才深刻領悟，什麼是世事如棋局局新～
總是在輪肝瀝膽之後…
才知期待，無情人的感謝只是神話～
總是在痛徹心扉之後…
才知等待，狠心人的感恩只是笑話～
絕不是你掏心掏肺，人家就會真情付出……
更不是你坦誠相待，人家就會用心對待……

一五八、不理不煩

有些人稍吃點虧，就忿恨難平找人投訴～
更有人受點挫折，就情緒低落逢人訴苦～
總是耿耿於懷，到處說三道四使人討厭……
老是念念不忘，到處這那那這令人厭惡……
亂投訴的，不懂自省沒風度沒人格～
往往小題大作，稍不小心就害死人……
愛訴苦的，不知堅強沒水準沒人品……
常常大驚小怪，稍不經意就煩死人～
改變不了別人，不如選擇改變自己……
說服不了別人，不如乾脆保持距離……

一五九、見機行事

不要嫌人家笨，就是人家笨你才有機會……
不要嫌人家傻，就是人家傻你才有空間……
若人家聰明又能幹，你絕對沒機會發展~
若人家睿智有才幹，你完全沒空間成長~
是不是角色心知就好，說了就是唱高調……
是不是貨色肚明就好，講了就是沒格調……
公然說人笨的最笨，就是自滿驕傲~
公開講人傻的更傻，就是自負焦躁~
看穿不拆穿，還能靜觀其變的必是能人……
看破不說破，仍能隨機應變的必是高人……

一六〇、知錯能改善莫大焉

一次受騙叫做無知，二次受騙叫做無辜～
三次受騙叫做白痴，還再受騙抓去餵豬～
受騙再被騙就是累犯……
累犯再犯錯就是共犯……
錯了再錯是執迷不悟……
犯了再犯是一條死路……
神仙打鼓有時錯～
腳步踏差誰人無～
犯錯不是問題，不敢反躬自省捫心自問才是問題……
受騙不是問題，能夠深思熟慮自我檢討就沒問題……

一六一、但是又何奈

不是不懂，而是不能懂～
不是不知，而是不能知～
懂又能如何，說懂人家不理不如裝無知……
知又怎麼樣，說知人家不聽只好裝白痴……
再說被挑剔～
不但惹人生氣，又被冷言冷語怎能說……
再講被嫌棄～
不但被人揶揄，又被反彈反駁怎能做……
熱情遇到絕情的，必然無話可說～
用心遇到無心的，只能自我限縮～
成熟的人知道……
因為你的懂，讓人不滿不如懂裝不懂～
豁達的人明瞭……
如果你的知，令人不爽不如知裝不知～

一六二、莫言

別揣測人意，會使人因糾結而失望～
別試探人心，會讓人因難過而絕望～
當謊言，一再被事實揭穿才知全都是虛假……
當承諾，一再被時間戳破才知完全是浮誇……
選擇隱忍是唯一方法，
畢竟揭穿虛假，就是在挑戰人家尊嚴……
選擇微笑是唯一辦法，
畢竟戳破浮誇，就是在踐踏人家自尊……
有些話，心知就好何必當真……
有些人，肚明就好不必認真……
隱忍不言，是一種倔強也是種修為～
微笑不語，是一種堅強也是種境界～

一六三、緣份的醒思

有緣不一定有份～
有緣只是感情交流，不一定能擁有……
有份不一定有緣～
有份僅是名份擁有，不一定能交流……
有份無緣的，白天是夫妻晚上竟是鄰居～
有緣無份的，晚上是夫妻白天只是鄰居～
即便有緣也只是交流，不見得懂內心訴求……
即便有份也僅是擁有，不見得能心靈交流……
真正有緣的伴侶不只共相聚～
而是不言而喻就能讀懂心聲～
真正有份的好伴不僅同相處～
而是眼神交會就能看透心靈～

一六四、有量就有福

人家做看不慣，有時自己上反而爛……
人家講聽不爽，有時自己來反而亂……
看似簡單，自己做才知不簡單～
聽似容易，自己講才知不容易～
看一回事，自己上又是一回事～
聽一回事，自己來是另一回事～
看人家表現不好…
仍保持風度，還沉得住氣看完叫有雅量～
聽人家論述不對…
仍展現氣度，還耐住性子聽完叫有肚量～
給人機會，就是給自己營造機會……
給人舞台，也是給自己搭建舞台……
有雅量的人有底氣，不但得人緣更有人氣～
有肚量的人接地氣，不但得人敬更有福氣～

一六五、做人不容易

在家庭的位置……
若是上有老的，下有小的叫做卡人～
在職場的職位……
若是上有長官，下有部屬叫難做人～
有時該消失的時侯得馬上消失……
因為你的存在，令人尷尬更讓人討厭～
有時該出現的時候得立刻出現……
因為你的出現，不但會出力更會出錢～
該消失就消失，叫識時務為俊傑……
是種高尚套路，也是種素養風度～
該出現就出現，叫通機變為英雄……
是種高招策略，也是種涵養氣度～

一六六、現出原形

總是有想法的人，就是永遠沒方法～
老是有說法的人，卻是從來沒辦法～
想法不等於想要，畢竟想要也不是必要……
說法不等於說要，畢竟說要更不是需要……
有些人喜歡，隨意大放厥詞做承諾……
人家追問時，就是東拉西扯裝迷糊……
更有人任意，隨性說大話亂開支票……
人家質問時，卻是說三道四裝糊塗……
立馬就知道～
說虛話說假話，空口說白話還是那些人……
慢慢會明瞭～
說實話說真話，能說到做到就是這些人……

一六七、無言

自由，不但是你可以說什麼～
而是，你可選擇不想說什麼……
自由，不但是你可以做什麼～
而是，你可選擇不想做什麼……
有時說不說，不是你說了算～
而是，先得沉著面對紛爭建議才算……
有時做不做，不是你說了算～
而是，先得妥協接受矛盾意見才算……
你絕無法拋開，家人的牽纏桎梏～
你更無法掙脫，親情的無奈束縛～
畢竟家人不會講道理，想法很難合常理……
畢竟親情不能講理性，做事只能憑感性……

一六八、個性影響成就

無法條理有序論述叫邏輯反常……
無法層次分明表達叫類比失常……
反常事小，只要低調認錯人家可以理解……
失常還好，只要謙虛道歉人家可以諒解……
個性差的人，反常被人善意委婉提醒……
不但不低調，反而高調反駁蠻橫無禮～
脾氣壞的人，失常被人禮貌客氣提點……
不但不接受，反而生氣遷怒強詞奪理～
個性差令人討厭，必然到處碰壁走投無路……
脾氣壞使人厭惡，必定到處樹敵永無寧日……

備一、別中計

聽到被污衊抹黑醜化～
當下超不爽，晚上一想到整夜輾轉睡不好……
聽到被造謠中傷放話～
當然很不滿，只要一想到整天心情都不好……
豁達的人知道，心情美不美自己說了算～
開朗的人明瞭，情緒好不好自己說了算～
我聰明我不笨，不會用爛屁話折騰自己～
我睿智我不傻，不會用亂放話修理自己～
惡意醜化的人……
也許早已忘記，自己幹嘛難過煎熬生氣～
刻意放話的人……
根本毫不在意，自己幹嘛忿怒糾結中計～

備二、悔悟

朋友不是在需要的時候才去找……
感情不是錯過了才知道對方好……
再怎麼好的感情，沒常交流也會斷～
再怎麼深的愛情，不懂珍惜也會散～
真正的知心朋友，
即便你怠惰疏忽，也會永遠惦記著你……
當真的入心感情，
即使你漠視忽略，也不會輕言放棄你……
知心的人難找，
得懂感恩知反饋，能惜緣不計前嫌的人～
入心的人難得，
得懂感激知回報，能惜情不離不棄的人～

備三、家庭人生

家是說愛講疼，不是說理講道的地方……
家是心甘情願，不是訴苦埋怨的地方……
不要斤斤計較，只要馬馬虎虎能用就好～
不要樣樣比較，只要平平淡淡夠用就好～
不要紛紛擾擾，畢竟生活安穩和諧就好……
不要爭爭吵吵，畢竟人生苦短一晃就老……
過日非常不容易，只要你心中有我就容易～
生活真的不簡單，只要我心中有你就簡單～

備四、慈悲有限

脾氣好的人，不輕易發火不是沒底線……
性格好的人，只是裝迷糊不是沒紅線……
就有人給方便，卻當人家隨便～
更有人給讓步，卻當人家退步～
忍事一時卻被得寸進尺，就是在踩人底線……
退人一步竟被變本加厲，就是在探人紅線……
不發火只是隱忍，也是種修養更是種大度～
裝迷糊只是包容，也是種涵養更是種善良～
永不吭聲的隱忍，反而是在助紂為孽……
毫無作為的包容，反而是在為虎作倀……
得寸進尺的人，無知蠻橫終將為言行付出代價～
變本加厲的人，愚蠢囂張跋扈終將被正義下架～

備五、釜底抽薪

生活的角色自己演～
人生的苦甜自已選～
已身處人生谷底，只要勇敢向上就有契機……
已身陷濘淖淤泥，只要奮力翻轉就有轉機……
誰沒過去，煎熬辛酸就留做回憶～
寄望未來，就大膽抬頭挺胸重啟～
停留過去，只是得過且過欺騙自己……
重新出發，就是痛定思痛說服自己……
猶豫裹足不前，就是自斷退路自尋死路……
斷然堅定向前，就是尋找出路另闢活路……

備六、你是誰

誰真誰假，誰虛誰實，不遇事怎知誰違忤……
誰黑誰白，誰好誰壞，不久處怎曉誰為伍……
人心隔肚皮，衷情最難斷～
人情似面紙，風吹即扯爛～
人一走茶就涼，方曉世態炎涼凡事淡然……
人沒走茶就涼，才識世事蒼桑人生無常……
為何從，甜言蜜語到閒言嫌語
為何從，沁入心扉到昨是今非～
為何從，掏心掏肺到狼心狗肺～
為何從，你儂我儂到水火不容～
春去秋來，感慨物是人非之後誰又是誰……
寒來暑往，堪嘆事過境遷之後你又是誰……

國家圖書館出版品預行編目資料

朝陽168 / 謝朝陽著. -- 初版. -- 臺北市：博客思出版事業網, 2025.08
面；　公分
ISBN 978-626-7607-04-6（平裝）
1.CST: 人生哲學
191.9　　　　113019881

心靈勵志62

朝陽168

作　　者：謝朝陽
主　　編：盧瑞容
編　　輯：陳勁宏
美　　編：陳勁宏
審　　稿：李景恆　陳裕文　蔡瀚毅　洪國鈞
校　　對：楊容容　古佳雯
封面設計：陳勁宏
出　　版：博客思出版事業網
地　　址：臺北市中正區重慶南路1段121號8樓之14
電　　話：（02）2331-1675 或（02）2331-1691
傳　　真：（02）2382-6225
E - MAIL：books5w@gmail.com或books5w@yahoo.com.tw
網路書店：http：//5w.com.tw/
https：//shopee.tw/books5w
博客來網路書店、博客思網路書店
三民書局、金石堂書店
經　　銷：聯合發行股份有限公司
電　　話：（02）2917-8022　　傳真：（02）2915-7212
劃撥戶名：蘭臺出版社　　帳號：18995335
香港代理：香港聯合零售有限公司
電　　話：（852）2150-2100　　傳真：（852）2356-0735
出版日期：2025年8月初版
定　　價：新臺幣360元整（平裝）
ＩＳＢＮ：978-626-7607-04-6